朱光潜

译 文 集

Laocoön
GOTTHOLD EPHRAIM LESSING

拉奥孔

[德] 戈特霍尔德·埃夫莱姆·莱辛 著

朱光潜 译

外语教学与研究出版社

北京

拉奥孔

或称

论画与诗的界限

1766

兼论《古代艺术史》的若干观点

它们在题材和模仿方式上都有区别。

——普鲁塔克[1]

1　普鲁塔克（Plutarch）：公元 1 世纪希腊历史学家，《希腊罗马英雄传》的作者。引文的原文是希腊文。

目录

前言

　　第一个对画和诗进行比较的人是一个具有精微感觉的人，他感觉到这两种艺术对他所发生的效果是相同的。他认识到这两种艺术都向我们把不在目前的东西表现为就像在目前的，把外形表现为现实；它们都产生逼真的幻觉[1]，而这两种逼真的幻觉都是令人愉快的。

　　另外一个人要设法深入窥探这种快感的内在本质，发现在画和诗里，这种快感都来自同一源泉。美这个概念本来是先从有形体的对象得来的，却具有一些普遍的规律，而这些规律可以运用到许多不同的东西上去，可以运用到形状上去，也可以运用到行为和思想上去。

　　第三个人就这些规律的价值和运用进行思考，发现其中某些规律更多地统辖着画，而另一些规律却更多地统辖着诗；在后一种情况之下，诗可以提供事例来说明画，而在前一种情况之下，画也可以提供事例来说明诗。

　　第一个人是艺术爱好者，第二个人是哲学家，第三个人则是艺术批评家。

　　头两个人都不容易错误地运用他们的感觉或论断，至于艺术批评家的情况却不同，他的话有多大价值，全要看它运用到个别具体事例上去是否恰当，而一般说来，要小聪明的艺术批评家有五十个，而具有真知灼见的艺术批评家却只有一个，所以如果每次把论断运用到个别具体事例上去时，都很小心谨慎，对画和诗都一样公平，那简直就是一种奇迹。

假如阿佩莱斯和普罗托格涅斯在他们的已经失传的论画的著作里，[2] 曾经运用原已奠定的诗的规律去证实和阐明画的规律，我们就应深信，他们在这样做的时候，会表现出我们在亚里士多德、西塞罗、贺拉斯和昆体良诸人 [3] 在运用绘画的原则和经验于论修辞术和诗艺的著作中所看到的那种节制和谨严。没有太过，也没有不及，这是古人的特长。

但是我们近代人在许多方面都自信远比古人优越，因为我们把古人的羊肠小径改成康庄大道，尽管这些较直捷也比较平稳的康庄大道穿到荒野里去时，终于又要变成小径。

"希腊的伏尔泰"有一句很漂亮的对比语，说画是一种无声的诗，而诗则是一种有声的画。这句话并不见于哪一本教科书里。它是一种突如其来的奇想，像西摩尼德斯 [4] 所说过的许多话那样，其中所含的真实的道理是那样明显，以致容易使人忽视其中所含的不明确的和错误的东西。

古人对这方面却没有忽视。他们把西摩尼德斯的话看作只适用于画和诗这两种艺术的效果，同时却不忘记指出：尽管在效果上有这种完全的类似，画和诗无论从模仿的对象来看，还是从模仿的方式来看，却都有区别。

但是最近的艺术批评家们却认为这种区别仿佛不存在，从上述诗与画的一致性出发，作出一些世间最粗疏的结论来。他们时而把诗塞到画的窄狭范围里，时而又让画占有诗的全部广大领域。在这两种艺术之中，凡是对于某一种是正确的东西就被假定为对另一种也是正确的；凡是在这一种里令人愉快或令人不愉快的东西，在另一种里也就必然是令人愉快或令人不愉快的。满脑子都是这种思想，他们于是以最坚定的口吻下一些最浅陋的判断，在评判本来无瑕可指的诗人作品和画家作品的时候，只要看到诗和画不一致，就把它说成是一种毛病，至于究竟把这种毛病归到诗还是归到画上面去，那就要看他们所偏爱的是画还是诗了。

这种虚伪的批评对于把艺术专家们引入迷途，确实要负一部分责任。它在诗里导致追求描绘的狂热，在画里导致追求寓意的狂热；人们想把诗变成一种有声的画，而对于诗能画些什么和应该画些什么，却没有真正的认识；同时又想把画变成一种无声的诗，而不考虑到画在多大程度上能表现一般性的概念而不至于离开画本身的任务，变成一种随意任性的书写方式。

这篇论文的目的就在于反对这种错误的趣味和这些没有根据的论断。

这篇论文是随着我的阅读的次序而写下的一些偶然感想，而不是从一般性的原则出发，通过系统的发展而写成的。它与其说是一部书，不如说是为着准备写一部书而进行的资料搜集。

不过我仍然这样奉承自己说，尽管如此，这篇论文还不至于完全遭到轻视。我们德国人一般并不缺乏系统著作。从几条假定的定义出发，顺着最井井有条的次第，随心所欲地推演出结论来，干这种勾当，我们德国人比起世界上其他任何一个民族都更在行。

鲍姆嘉通承认他的《美学》里大部分例证都要归功于格斯纳的词典[5]。我的推论如果没有鲍姆嘉通的那样严密，我的例证却较多地来自原来的作品。

因为我的出发点仿佛是拉奥孔[6]，而且后来又经常回到拉奥孔，所以我就把拉奥孔作为标题。此外还对古代艺术史里的一些问题说了一些简短的节外生枝的话，不免离开我原来的意图，这些题外话之所以摆在这里，是因为我想不到另外有更合适的地方去摆。

我还得提醒读者，我用"画"这个词来指一般的造型艺术，我也无须否认，我用"诗"这个词也多少考虑到其他艺术，只要它们的模仿是承续性的。[7]

注释

1. 原文是 Täuschung，作者把序文自译为法文时用的是 Illusion，照字面译只是"幻觉"，但在文艺理论著作里一般指"逼真的幻觉"。

2. 阿佩莱斯（Apelles）和普罗托格涅斯（Protogenes）都是公元前 4 世纪希腊名画家，传说二人各有论画著作，都已失传。

3. 亚里士多德著有《诗学》和《修辞学》，西塞罗（Cicero，公元前 106—公元前 43）著有《论修辞术》，贺拉斯（Horace，公元前 65—公元前 8）著有《诗艺》，昆体良（Quintilianus，生活于公元 1 世纪）著有《演说术》。

4. 西摩尼德斯（Simonides，公元前 556—公元前 468），希腊抒情诗人，擅长隽语，有"希腊的伏尔泰"之称。上文诗画对比的两句话就是他说的。

5. 鲍姆嘉通（Baumgarten，1714—1762），德国哲学家，他第一个用"爱斯特惕卡"（Aesthetica）命名美学，著有《美学》两卷。J.M. 格斯纳（J. M. Gesner，1691—1761），德国研究希腊罗马古典的学者，著有古典词典。

6. 《拉奥孔》是一座著名的雕像群，原藏在罗马皇帝提图斯的皇宫里（据公元前 1 世纪罗马考古学者老普林尼 [Plinius，23—79] 的《自然史》的记载，参看本书第二十六章）。这座雕像群被长久埋没在罗马废墟里，一直到 1506 年才由一位意大利人费利克斯·德·佛列底斯（Felix de Fredis）在挖葡萄园（即在提图斯皇宫旧址）时把它发掘出来，献给教皇朱理乌斯二世。原迹中拉奥孔的右手膀已残缺，教皇曾请当时大艺术家米开朗琪罗修补。米开朗琪罗没有完成这项工作，但据留传下来的素描稿，他认为拉奥孔的右手膀是向头部举起而且触及头后匀的。现在藏在梵蒂冈宫的修补品是由蒙托索里（Montorsoli）和考提勒（Cortile）两人陆续完成的，拉奥孔的右手膀似乎举得过高。

7. 莱辛在这部著作里常用"艺术"专指造型艺术，特别指绘画，用"诗"指一般文学。

第一章

为什么拉奥孔在雕刻里不哀号，
而在诗里却哀号？[1]

温克尔曼先生[2]认为希腊绘画雕刻杰作的优异的特征一般在于无论在姿势上还是在表情上，它们都显出一种高贵的单纯和静穆的伟大。他说，"正如大海的深处经常是静止的，不管海面上波涛多么汹涌，希腊人所造的形体在表情上也都显出在一切激情之下他们仍表现出一种伟大而沉静的心灵。

"这种心灵在拉奥孔的面容上，而且不仅是在面容上描绘出来了，尽管他在忍受最激烈的痛苦。全身上每一条筋肉都现出痛感，人们用不着看他的面孔或其他部分，只消看一看那痛得抽搐的腹部，就会感觉到自己也在亲身领受到这种痛感。但是这种痛感并没有在面容和全身姿势上表现成痛得要发狂的样子。他并不像在维吉尔[3]的诗里那样发出惨痛的哀号，张开大口来哀号在这里是不许的。他所发出的毋宁是一种节制住的焦急的叹息，像莎多勒特[4]所描绘的那样。身体的苦痛和灵魂的伟大仿佛都经过衡量，以同等的强度均衡地表现在雕像的全部结构上。拉奥孔忍受着痛苦，但是他像菲洛克忒忒斯那样忍受痛苦[5]：他的困苦打动了我们的灵魂深处；但是我们愿望自己也能像这位伟大人物一样忍受困苦。

"这种伟大心灵的表情远远超出了优美自然所产生的形状。塑造这雕像的艺术家必定首先亲自感受到这种精神力量，然后才把它铭刻在大理石上。希腊有些人一身而兼具艺术家和哲学家的两重本领，不仅麦屈罗多[6]是如此。智慧伸出援助的手给艺术，灌注给艺术形象的不只是寻常的灵魂。……"

这里的基本论点是：拉奥孔面部所表现的苦痛并不如人们根据这苦痛的强度所应期待的表情那么激烈。这个论点是完全正确的。另一个论点也是无可非议的：在上述这一点上，一个一知半解的鉴赏家会认为艺术家[7]抵不上自然，没有能充分表达出那种苦痛的真正激烈情绪；但是我说，正是在这一点上，艺术家的智慧才显得特别突出。

不过我对温克尔曼先生的这番明智的话所根据的理由，以及他根据这个理由所推演出来的普遍规律，却不能同意。

我得承认，温克尔曼先生令我惊讶的首先是他在偶然提到维吉尔时所表现的不满，其次是他就拉奥孔和菲洛克忒忒斯所作的比较。我打算从后一点谈起，把我的思想顺次写下，想到哪里就写到哪里。

"拉奥孔像索福克勒斯所写的菲洛克忒忒斯那样忍受痛苦。"菲洛克忒忒斯究竟怎样忍受痛苦呢？说来很奇怪，他的痛苦在我们心上所产生的印象却迥然不同。——他由痛苦而发出的哀怨声、号喊声和粗野的咒骂声响彻了希腊军营，搅乱了一切祭祀和宗教典礼，以致人们把他抛弃在那个荒岛上。这些悲观绝望和哀伤的声音由诗人模仿过来，也响彻了整个剧场。——人们发现这部戏的第三幕比起其余各幕显得特别短。批评家们说[8]，从此可见，一部戏里各幕长短不齐，对古代人来说，是无足轻重的。我也是这样想，但是我宁愿援用另一个例证，作为我对这一问题的看法的根据。这第三幕所由组成的那些哀痛的号喊，呻吟，中途插进来的"哎哟，咳咳"，以及整行的悲痛的呼声所用的顿挫和拖长，和连续地说话时所需要用的一定不同，所以演这第三幕所花的时间会和演其他各幕所花的时间差不多一样长。读者从书本上所看到的，比起观众从演员口中所听到的要短得多。

号喊是身体苦痛的自然表情，荷马所写的负伤的战士往往是在号喊中倒到地上的。女爱神维纳斯只擦破了一点皮也大声地叫起来[9]，这不是显示这位欢乐女神的娇弱，而是让遭受痛苦的自然（本性）有发泄的权利。就连铁一般的战神在被狄俄墨得斯的矛头刺疼时，也号喊得顶可怕，仿佛有一万个狂怒的战士同时在号喊一样，惹得双方军队都胆战心惊起来。[10]

尽管荷马在其他方面把他的英雄们描写得远远超出一般人性之上，但每逢涉及痛苦和屈辱的情感时，每逢要用号喊、哭泣或咒骂来表现这种情感时，荷马的英雄们却总是忠实于一般人性的。在行动上他们是超凡的人，在情感上他们是真正的人。

我知道，我们近代欧洲人比起古代人有较文明的教养和较强的理智，较善于控制我们的口和眼。于今礼貌和尊严不容许人们号喊和哭泣。古代粗野的原始人在行动上所表现的那种勇敢到了我们近代人身上却只能表现在被动（忍受）上。就连我们自己的祖先，尽管也是些野蛮人，在忍受上所表现的勇敢比在行动上所表现的勇敢也还是更伟大。我们北方民族的古代英雄的英勇特征在于压抑一切痛感，面对死神的袭击毫不畏缩，被毒蛇咬伤了就带着笑容死去，既不为自己的罪过也不为挚友的丧亡而表示哀伤。巴尔纳托柯[11]给他的约姆斯堡的人民定下一条法律，对一切都不许畏惧，永远不准说"畏惧"这个字眼。

希腊人却不如此。他既动情感，也感受到畏惧，而且要让他的痛苦和哀伤表现出来。他并不以人类弱点为耻；只是不让这些弱点防止他走向光荣，或是阻碍他尽他的职责。凡是对野蛮人来说是出于粗野本性或顽强习惯的，对于他来说，却是根据原则的。在他身上英雄气概就像隐藏在燧石里面的火花，只要还没有受到外力抨击时，它就静静地安眠着，燧石仍然保持着它原来的光亮和寒冷。在野蛮人身上这种英勇气概就是一团熊熊烈火，不断地、呼呼地燃烧着，把每一种其他善良品质都烧光或至少烧焦。例如荷马写特洛伊人上战场总是狂呼狂叫，希腊人上战场却是鸦默雀静的。评论家们说得很对，诗人的用意是要把特洛伊人写成野蛮人，把希腊人写成文明人。我觉得很奇怪，评论们却没有注意到另一段诗里也有和这一段很类似的足见特征的对比[12]。那就是在交战双方订了休战协议之后。双方在忙于焚化死亡者的尸体时，都不是没有流下热泪……但是普里阿摩斯下令禁止特洛伊人号哭。据达西埃夫人的看法，普里阿摩斯之所以禁止号哭，是因为他担心这会削弱士气，到第二天再上战场，勇气就会大减[13]。这话说得对，但是我还要问，为什么普里阿摩斯要担心这一点呢？为什么阿伽门农[14]却没有向希腊人下同样的禁令呢？诗人在这里有一个更深刻的用意。他要让我们知道，文明的希腊人尽管号哭，还是可以勇敢；而未开化的特洛伊人要勇敢，就不得不先把人的一切情感都扼制住。荷马还在另一段诗里让足智多谋的涅斯托耳的聪明的儿子说出这样一句话："我看不出痛哭有什么坏处。"[15]

值得注意的是从古代留传下来的为数甚少的悲剧之中，有两部所写的身体痛苦在主角所遭受的苦难之中不能算是极小的组成部分，这就是《菲洛克忒忒斯》和《临死的赫拉克勒斯》[16]。索福克勒斯描绘赫拉克勒斯和描绘菲洛克忒忒斯一样，把他的呻吟、号喊和痛哭也描绘出来了。多谢我们的文雅的邻人，那些礼貌大师们，[17]哭泣的菲洛克忒忒斯和哀号的赫拉克勒斯在戏台上已变成极端可笑、最不可忍耐的人物了。他们的近代诗人之中固然也有一位试图写菲洛克忒忒斯，[18]但是他敢描绘出菲洛克忒忒斯的真实面貌吗？

在索福克勒斯的失传的剧本之中，居然还有一部《拉奥孔》。如果命运让这部剧本也留传给我们，那是多么大的一件幸事！从一些古代语法家的轻描淡写地提到这部剧本的话来看，我们无从断定诗人是怎样处理这个题材的。但是我坚信，他没有把拉奥孔描写成比起菲洛克忒忒斯和赫拉克勒斯更像一位斯多噶派哲学家。[19] 斯多噶派的一切都缺乏戏剧性，我们的同情总是和有关对象所表现的苦痛成正比例的。如果人们看到主角凭伟大的心灵来忍受他的苦难，这种伟大的心灵固然会引起我们的羡慕，但是羡慕只是一种冷淡的情感，其中所含的被动式的惊奇会把每一种其他较热烈的情绪和较明确的意象都排斥掉。

现在我来提出我的推论。如果身体上苦痛的感觉所产生的哀号，特别是按照古希腊人的思想方式来看，确实是和伟大的心灵可以相容的，那么，要表现出这种伟大心灵的要求就不能成为艺术家在雕刻中不肯模仿这种哀号的理由；我们就须另找理由，来说明为什么诗人要有意识地把这种哀号表现出来，而艺术家在这里却不肯走他的敌手——诗人——所走的道路。[20]

注释

1. 标题里的"雕刻"指拉奥孔雕像群，"诗"指维吉尔的史诗《埃涅阿斯纪》中描写拉奥孔父子被毒蛇咬死的部分。下仿此。

2. 温克尔曼（Winckelmann，1717—1768），德国启蒙运动的领袖之一。他的《关于在绘画和雕刻作品中模仿希腊作品的一些意见》（1755）和《古代造型艺术史》（一般简称《古代艺术史》）（1764）等著作在近代西方开创了研究古典文艺的风气，影响甚大。他认为古典艺术的理想是"高贵的单纯，静穆的伟大"。莱辛是在他的影响之下写成《拉奥孔》的，主旨在反对把温克尔曼的艺术理想应用到诗或文学的领域。下面的引文见《关于在绘画和雕刻作品中模仿希腊作品的一些意见》。

3. 维吉尔（Virgil，公元前70—公元前19），古罗马大诗人，主要作品是《埃涅阿斯纪》（Aeneid）史诗，其中描写了拉奥孔和他的两个儿子被巨蛇缠死的故事，见附录三。

4. 莎多勒特（Sadoleto，1477—1547），教皇列阿十世的秘书，写过一首关于拉奥孔雕像群的诗，本书第六章引了一段，可参看。

5. 菲洛克忒忒斯（Philoctetes）是古希腊大悲剧家索福克勒斯（Sophocles）的悲剧《菲洛克忒忒斯》中的主角。他是神箭手，参加了希腊远征特洛伊的大军，途中被毒蛇咬伤，生恶疮，痛苦哀号，被希腊大军抛弃到一个荒岛上。他在岛上过了九年疾病孤苦的生活。据预言，特洛伊城只有靠他的神箭才能攻下。他因愤恨，不肯把箭交出。到战争快结束时，希腊人派奥德修斯和尼阿托雷密去说服了他，他才前去参战，用箭射杀偷走海伦的帕里斯，特洛伊城才被攻下。从启蒙运动以后，这部悲剧一直为西方文艺理论家所特别重视。狄德罗、温克尔曼、莱辛、赫尔德、歌德、席勒、施莱格尔、黑格尔等人讨论古典诗时都常举这部悲剧为例，正如他们谈古典艺术时都常举拉奥孔雕像群为例一样。

6. 麦屈罗多（Metrodor），公元前2世纪希腊哲学家，兼长绘画。

7. 诗和画都是艺术，本书中拿诗人和画家对举时只把画家称为艺术家，而所谓画又包括雕刻和其他造型艺术。

8. 见布鲁摩瓦《希腊戏剧》卷二。皮埃尔·布鲁摩瓦（Pierre Brumoy，1688—1840），法国学者，以本书知名。

9. 见《伊利亚特》卷五，第343行。

10. 见《伊利亚特》卷五，第359行。

11. 巴尔纳托柯（Palnatoke），丹麦《约姆斯堡传奇》（Jómsvikinga Saga）中的英雄，约姆斯堡城的建立者。

12. 见《伊利亚特》卷七，第 421 行。

13. 安妮·达西埃（Anne Dacier，1654—1720），法国研究古典文学的学者，翻译过荷马史诗。普里阿摩斯（Priam），特洛伊最后一代国王，他的儿子就是拐走海伦的帕里斯。

14. 阿伽门农（Agamemnon），希腊大军的统帅。

15. 见《奥德赛》卷四，第 195 行。涅斯托耳（Nestor），《伊利亚特》中的老谋士。

16. 赫拉克勒斯（Herkules），希腊神话中的大力神。《临死的赫拉克勒斯》即《特拉喀斯少女》。索福克勒斯在这部悲剧里写了赫拉克勒斯的死亡。

17. 指法国人，莱辛对法国新古典主义的文艺趣味极端鄙视。

18. 指当时一位法国作家沙托布兰（Châteaubrun），他写过关于菲洛克忒忒斯的悲剧，把原来的情节改变了很多。

19. 希腊斯多噶派哲学家提倡苦行禁欲，压抑情感，莱辛很厌恶斯多噶派的禁欲主义。

20. 本章论述古代伟大的英雄并不抑制自然情感的流露，诗人也描绘痛苦哀号，只是画家避免这种描绘。

第二章

美就是古代艺术家的法律；
他们在表现痛苦中避免丑

据说造型艺术方面最早的尝试是由爱情鼓动起来的。[1] 不管这是传说还是历史，有一点却是确实的：爱情曾经孳孳不辍地指引古代艺术家的手腕。因为绘画作为在平面上模仿物体的艺术，现在所运用的题材虽然无限宽广，而明智的希腊人却把它局限在远较窄狭的范围里，使它只模仿美的物体。希腊艺术家所描绘的只限于美，而且就连寻常的美，较低级的美，也只是一种偶尔一用的题材，一种练习或消遣。在他的作品里引人入胜的东西必须是题材本身的完美。他伟大，所以不屑于要求观众仅仅满足于妙肖原物或精妙技巧所产生的那种空洞而冷淡的快感，在他的艺术里他所最热爱的尊重的莫过于艺术的最终目的。[2]

一位古代写隽语的诗人[3]提到一个奇丑不堪的人时，说过这样的话："既然没有人愿意看你，谁愿意来画你呢？"许多比较近代的艺术家们却要说："不管你是多么奇形怪状，我还是要画你。人们固然不愿意看你，他们却仍然会愿意看我的画；这并不是因为画的是你，而是因为这画是我的艺术才能的一种凭证，居然能把你这样的怪物模仿得那么惟妙惟肖。"

　　这种大肆夸耀没有被题材内容价值所提高的空洞技巧的倾向是很自然的，连希腊人也当然在所难免，他们也还是有他们的泡生和庇越库斯。[4] 不过希腊人尽管也有这一类画家，却严格地给他们以应得的公平待遇。泡生永远停留在寻常自然美的水平之下，他的低级趣味使他最爱描绘人的形体中畸形和丑陋的东西，所以他过着穷困潦倒的生活。庇越库斯像一个荷兰画家那样勤勉，专画理发铺，肮脏的工作坊，驴子和蔬菜，好像这类事物在自然中是非常引人入胜的而且是非常稀罕的，所以他得到一个"污秽画家"的诨号，尽管当时富豪们用重量相等的黄金去买他的作品，想用这种虚幻的价值来弥补作品本身的毫无价值。

　　连政府本身也不认为强迫艺术家谨守他的正当范围是多管闲事，毫无价值。例如忒拜国的法律就是人所熟知的，它命令艺术家模仿事物要比原来的更美，不能比原来的更丑，违令者就要受到惩处。这条法律并不是针对手艺拙劣者的，如过去人们（包括尤尼乌斯[5] 在内）通常所解释的。它所要惩罚的是希腊的"格粹"[6]，是借夸大原物的丑陋的部分来达到形似的那种无价值的勾当，简单地说，是讽刺性的漫画。

　　就连赫腊诺第肯[7] 的法律也是从美的精神出发的。每个奥林匹克竞赛的胜利者都有立一座雕像的荣誉，但是只有接连获胜三次的胜利者才能立一座写真的雕像。用意是不让有太多的平庸的写真像列在艺术作品之中；因为写真像尽管也可以有一个理想，这理想毕竟须服从逼肖原身的要求；它是某一个人的理想，而不是一般人的理想。[8]

　　我们听说在古代人中间，连艺术也要受民法约制，不免要发笑。但是我们发笑，不一定总是对的。法律不应该向科学擅施强制，这是无可辩驳的，因为科学的目的在真理。真理对心灵是必要的，如果对这种基本要求的满足施加尽管是最微的强制，那就会是暴政。但是艺术的目的却在娱乐，而娱乐是可有可无的。所以立法者就应该有权决定，哪一种娱乐以及每一种娱乐在怎样的范围内是可以允许的。

特别是造型艺术，除掉它们能对民族性格发生不可避免的影响之外，还可以产生一种效果，是必须由法律严格监视的。美的人物产生美的雕像，而美的雕像也可以反转过来影响美的人物，国家有美的人物，要感谢的就是美的雕像。我们近代人却认为母亲的温柔的想象力仿佛只能表现为牛鬼蛇神。[9]

从这个观点来看，我相信人们一听到就斥为妄诞的一些古老的故事之中，毕竟含有某种真实的因素。例如阿里斯多美奈斯、阿里斯托得摩斯、亚历山大大帝、大西庇阿、奥古斯都和伽列里乌斯这些伟人的母亲在怀孕时都曾梦与蛇交。[10]蛇原是神的象征，酒神巴克斯，日神阿波罗，交通神墨丘利以及大力神赫拉克勒斯的雕像和画像上面很少没有一条蛇。结过婚的女人在白天里饱看了神像，夜间在蒙眬的梦中就回想起蛇的形象。这样我就挽救（证实）了这种梦，抛弃了儿子们由于骄傲和幸臣们由于谄媚无耻对梦所作的解释。因为总要有一个理由来说明梦中奸淫的幻象为什么总是一条蛇。

话说出题外了。我要建立的论点只是：在古希腊人来看，美是造型艺术的最高法律。

这个论点既然建立了，必然的结论就是：凡是为造型艺术所能追求的其他东西，如果和美不相容，就须让路给美；如果和美相容，也至少须服从美。

现在我要来谈一下表情。有一些激情和激情的深浅程度如果表现在面孔上，就要通过对原形进行极丑陋的歪曲，使整个身体处在一种非常激动的姿态，因而失去原来在平静状态中所有的那些美的线条。所以古代艺术家对于这种激情或是完全避免，或是冲淡到多少还可以现出一定程度的美。

狂怒和绝望从来不曾在古代艺术家的作品里造成瑕疵。我敢说，他们从来不曾描绘过表现狂怒的复仇女神。

他们把愤怒冲淡到严峻。对于诗人是一位发出雷电的愤怒的朱庇特[11]；

对于艺术家却只是一位严峻的朱庇特。

哀伤则冲淡为愁惨。如果不能冲淡，如果哀伤对于人物有所贬损和歪曲，在这种情况之下，提曼特斯是怎样办的呢？他的《伊菲吉妮娅的牺牲》那幅画是人所熟知的。[12] 在这幅画里，他把在场的人都恰如其分地描绘得显出不同程度的哀悼的神情，牺牲者的父亲理应表现出最高度的沉痛，而画家却把他的面孔遮盖起来。关于这一点，过去人们说过许多很动听的话。有人说，画家在画出许多人的愁容之后已经精疲力竭了，想不出怎样把父亲画得更沉痛。另外又有人说，画家这样办，就显示出父亲在当时情况之下的痛苦是艺术所无法表现的。依我看来，原因既不在于艺术家的无能，也不在于艺术的无能。激情的程度加强，相应的面部变化特征也就随之加强；最高度的激情就会有最明确的面部变化的特征，这是艺术家最容易表达出来的。但是提曼特斯懂得文艺女神对他那门艺术所界定的范围。他懂得阿伽门农作为父亲在当时所应有的哀伤要通过歪曲原形才表现得出来，而歪曲原形在任何时候都是丑的。他在表情上做到什么地步，要以表情能和美与尊严结合到什么程度为准。如果他肯冲淡那哀伤，他就可以避开丑；但是在他的画中，这两条路都是行不通的，除掉把它遮盖起来，他还有什么旁的办法呢？凡是他不应该画出来的，他就留给观众去想象。一句话，这种遮盖是艺术家供奉给美的牺牲。它是一种典范，所显示的不是怎样才能使表情越出艺术的范围，而是怎样才能使表情服从艺术的首要规律，即美的规律。

如果把这个道理应用到《拉奥孔》，我所寻求的理由就很明显了。雕刻家要在既定的身体苦痛的情况之下表现出最高度的美。身体苦痛的情况之下的激烈的形体扭曲和最高度的美是不相容的。所以他不得不把身体苦痛冲淡，把哀号化为轻微的叹息。这并非因为哀号就显出心灵不高贵，而是因为哀号会使面孔扭曲，令人恶心。人们不妨试着想象一下拉奥孔的口张得很大，然后再下判断。让他号啕大哭来看看；拉奥孔的形象本来是令人怜悯的，因为它同时表现出美和苦痛；照设想的办法，它就会变成一种惹人嫌厌的丑的形象了，人们就会掩目而过，因为那副痛苦的样子会引起反感，而没有让遭受痛苦的主角和美表现出来，把这种反感转化为甜美的怜悯。

只就张开大口这一点来说，除掉面孔其他部分会因此现出令人不愉快的激烈的扭曲以外，它在画里还会成为一个大黑点，在雕刻里就会成为一个大窟窿，这就会产生最坏的效果。蒙福孔[13]把一座张开大口长着胡须的老人头像鉴定为朱庇特颁发预言的雕像，足见他的鉴赏力不很高明。难道一位神在预示未来时也非张开大口不可吗？他的口腔轮廓如果显得比较好看些，难道他的预言就会引起猜疑吗？我也不相信瓦莱里乌斯[14]的话，他说，在假想是提曼特斯所作的那幅画里，埃阿斯[15]在哀号。但是连在艺术已经衰颓的时代，比提曼特斯差得远的艺术家们也从来没有让最粗鲁的野蛮人，在征服者的刀锋之下，在死的恐怖面前，张开大口哀号过。

这种把极端的身体痛苦冲淡为一种较轻微的情感的办法在一些古代艺术作品里确实是显而易见的。出于一位不知名的雕刻家之手的因穿着上了毒药的衣裳而感到苦痛的赫拉克勒斯雕像，就不像索福克勒斯所写的赫拉克勒斯那样号啕大叫，使得罗克理斯的山崖和幽博亚的海岬都发出回声。画里的赫拉克勒斯与其说是狂暴的，毋宁说是愁惨的。毕达哥拉斯·里昂提弩斯[16]所雕的菲洛克忒忒斯显得把他的痛苦传达到观众心里，但是如果有了些微的暴戾的痕迹，这种效果就会遭到破坏。人们也许要问：我根据什么来判定这位雕刻家曾经作过一座菲洛克忒忒斯的雕像呢？我根据的是老普林尼的一段话，这段话本来无须待我来校正，它的文字颠倒错乱是很明显的[17]。

注释

1. 据罗马学者老普林尼在《自然史》卷三十五记载，古代柯林斯邦的陶器匠人底布塔得斯有一个女儿爱上一位青年。这位青年将远行，她在灯下把他的形影画出，以便留为纪念，她父亲把这画像移到一个瓦瓶坏上，放在窑里烧成。据说这是画艺的开始。

2. 希腊人认为，艺术的最终目的即美。

3. 指安提阿库斯（Antiochus），公元前1世纪希腊诗人和学者。

4. 泡生（Pauson），公元前5世纪雅典画家。亚里士多德在《诗学》第二章里提到过他描绘人物低于现实中本来的样子。庇越库斯（Piraecus），希腊画家，年代不详，他专爱描绘下层生活。从莱辛鄙视这类画家来看，他还没有完全摆脱新古典主义的文艺趣味。

5. 尤尼乌斯（Junius），17世纪德国学者，著有《古代绘画》一书。

6. "格粹"（Ghezzi，1674—1755）本是意大利漫画家，意大利人用他的名字称一般漫画。

7. 赫腊诺第肯（Hellanodiken）是希腊奥林匹克运动会裁判人。

8. 原文把"雕像"（Statue）和"写真的雕像"（Ikonische Statue）区别开来，前者侧重理想化，后者侧重写真。为胜利者立写真的雕像是一种较大的荣誉，莱辛认为这是为了要减少平庸的逼真像。

9. 意谓母亲多看美的雕像就可产生美的子女。近代人仿佛以为产生伟大人物的母亲都曾梦与怪物（特别是龙蛇）相交，其实这些怪物在他们的想象中代表在神像中所看到的神，即仍来自美的形象。

10. 阿里斯多美奈斯（Aristomenes）和阿里斯托得摩斯（Aristodamus）都是希腊传说中反抗斯巴尼达压迫的麦西尼亚的民族英雄；大西庇阿（Scipio），罗马政治家，征服非洲的名将；奥古斯都（Augustus），第一任罗马皇帝；伽列里乌斯（Galerius），东罗马皇帝。

11. 朱庇特（Jupiter），雷神，也是最高的神。这是罗马人的称法，希腊人管他叫宙斯（Zeus）。

12. 提曼特斯（Timanthes），公元前5至公元前4世纪之交的希腊名画家。《伊菲吉妮娅的牺牲》画的是希腊主将阿伽门农遵神谕牺牲自己的女儿去祈求顺风的故事。从这些事例可以看出，莱辛在绘画中还是赞成温克尔曼的静穆理想。

13. 蒙福孔（Montfaucon，1655—1741），法国考古学者，古文字学家，著有《希腊古文字》一书。

14. 瓦莱里乌斯（Valerius），公元1世纪罗马历史家。

15. 埃阿斯（Ajax），荷马史诗中的希腊勇将。

16. 里昂提弩斯（Leontinus），公元前5世纪希腊雕刻家。

17. 老普林尼只提到里昂提弩斯，并没有说他画过菲洛克忒忒斯。莱辛因原文中有"烂疮"一词，就认为指的是菲洛克忒忒斯，纯是臆测。本章对雕刻不描绘哀号的问题作了解答：描绘哀号就会显得丑。从此他得出了在绘画里美比表情更重要的结论。

第三章

造型艺术家为什么要
避免描绘激情顶点的顷刻？

　　但是上文已经提到，艺术在近代占领了远较宽广的领域。人们说，艺术模仿要扩充到可以眼见的全部自然界，其中美只是很小的一部分。真实与表情应该是艺术的首要的法律；自然本身既然经常要为更高的目的而牺牲美，艺术家也就应该使美隶属于他的一般意图，不能超过真实与表情所允许的限定去追求美。如果通过真实与表情，能把自然中最丑的东西转化为一种艺术美，那就够了。

　　不管这种看法有没有价值，我们姑且假定它还没有被驳倒；且考虑一下其他一些与此无关的问题，例如艺术家为什么仍然要在表情中有节制，不选取情节发展中的顶点？

　　我相信，艺术由于材料[1]的限制，只能把它的全部模仿局限于某一顷刻，这个事实也会引起上文所提到的那种考虑。

　　既然在永远变化的自然中，艺术家只能选用某一顷刻，特别是画家还只能从某一角度来运用这一顷刻；既然艺术家的作品之所以被创造出来，并不是让人一看了事，还要让人玩索，而且长期地反复玩索；那么，我们就可以有把握地说，选择上述某一顷刻以及观察它的某一个角度，就要看它能否产生最大效果了。最能产生效果的只能是可以让想象自由活动的那一顷刻了。我们愈看下去，就一定在它里面愈能想出更多的东西来。我们在它里面愈能想出更多的东西来，也就一定愈相信自己看到了这些东西。在一种激情的整个过程里，最不能显出这种好处的莫过于它的顶点。到了顶点就到了止境，眼睛就不能朝更远的地方去看，想象就被捆住了翅膀，因为想象跳不出感官印象，就只能在这个印象下面设想一些较软弱的形象，对于这些形象，表情已达到了看得见的极限，这就给想象划了界限，使它不能向上超越一步。所以拉奥孔在叹息时，想象就听得见他哀号；但是当他哀号时，想象就不能往上面升一步，也不能往下面降一步；如果上升或下降，所看到的拉奥孔就会处在一种比较平凡的，因而是比较乏味的状态了。想象就只会听到他在呻吟，或是看到他已经死去了。

还不仅此。通过艺术，上述那一顷刻得到一种常住不变的持续性，所以凡是可以让人想到只是一纵即逝的东西就不应在那一顷刻中表现出来。凡是我们认为按其本质只是忽来忽逝的，只能在某一顷刻中暂停存在的现象，无论它是可喜的还是可怕的，由于艺术给了它一种永久性，就会获得一种违反自然的形状，以至于愈反复地看下去，印象也就愈弱，终于使人对那整个对象感到恶心或是毛骨悚然。拉·美特利[2]曾把自己作为德谟克利特第二画过像而且刻下来，只在我们第一次看到这画像时，才看出他在笑。等到看的次数多了，我们就会觉得他已由哲学家变成小丑，他的笑变成狞笑了。哀号也是如此。逼人哀号的那种激烈的痛苦过不了多久就要消失，否则就要断送受苦痛者的性命。纵然一位最有忍耐的最坚定的人也不免哀号，他却不能一直哀号下去。正是在艺术具体模仿里，哀号一直不停止的假象使得他的哀号现出一种女性的脆弱和稚气的缺乏忍耐。这种毛病至少是《拉奥孔》的雕像家们所要避免的，纵使哀号不至于损害美，纵使他们的艺术可以离开美而表现苦痛。

在古代画家之中，提牟玛球斯[3]好像最爱选择最激烈的情绪作为话题。他的发狂的埃阿斯和杀亲生儿女的美狄亚都是名画。不过从描写这些画的记载来看，他显然很懂得选取哪一点才可使观众不是看到而是想象到顶点，也懂得哪一种现象才不是必然令人想到它是暂时存在、一纵即逝、一经艺术固定下来予以持久性就会使人感到不愉快的，并且懂得怎样把这两点道理结合在一起。他画美狄亚，并不选择她杀亲生儿女那一顷刻，而是选杀害前不久，她还在母爱与妒忌相冲突的时候。我们可以预见这冲突的结果。我们预先战栗起来，想到不久就会只看到美狄亚的狠毒的一面，我们就可以想象得很远，比起画家如果选取杀儿女那一个恐怖的顷刻时所能显示出来的一切要远得多。正是因为这个缘故，我们对美狄亚在画中所表现的那种长久迟疑不决的神情并不起反感，我们心里毋宁盼望在自然中情形也就这样维持下去，两种激情的斗争最好是没有结局，或是至少是维持到时间和反省会把她的狂怒削弱下去，让母爱终于得到胜利。提牟玛球斯的这种智慧博得了经常的热烈的赞赏，使他显得远比另外一位不知名的画家高明。那另一位画家真够愚蠢，他竟把美狄亚极端疯狂的顷刻画出来，这样就使这种暂时的一纵即逝的极端疯狂获得一种持久性，因而违反了一切自然本性。谴责他的一位诗人[4]在咏这幅画像时说得很好："你就这样永远渴得要喝自己儿女的血吗？就永远有一位新的伊阿宋，永远有一位新的克瑞乌萨[5]，在不断地惹你苦恼吗？滚到地狱去吧，尽管你是在画里！"

关于提牟玛球斯所画的发狂的埃阿斯，我们可以凭斐洛斯特拉图斯[6]的记载来判断。埃阿斯并不是出现在他在牲畜群中狂怒，把牛羊当作人捆绑起来屠杀的时候。画家所画的是他在干过那些狂勇行为之后，精疲力竭地坐在那里，盘算要自杀。这才真正是发狂的埃阿斯，并不是因为他正在发狂，而是因为人们可以看出他发过狂，因为人们从他自己所表现的那种绝望和羞愧的神情，可以最生动地认识到他的疯狂达到了多么大的程度。人们从大风暴抛掷到岸上的破船和残骸就可以认识那场大风暴本身。[7]

注释

1. 指模仿媒介。

2. 拉·美特利（La Mettrie），18 世纪法国唯物主义思想家，《人是机器》的作者，自比希腊哲学家德谟克利特，叫人把自己画成一位"嬉笑的哲学家"，制成板画。

3. 提牟玛球斯（Timomachus），公元前 3 世纪左右希腊名画家。他有一幅画表现，美狄亚（Medea）当丈夫伊阿宋（Jason）抛弃她而另娶时，大为愤恨，把自己的儿女杀掉。另一幅画表现，埃阿斯和奥德修斯争阿喀琉斯死后所遗下的盔甲，希腊将领们判给奥德修斯，埃阿斯就气疯了，夜间要去杀那些希腊将领，但杀的是一群牛羊，他清醒过来之后，很羞惭，想自杀。

4. 据原注，指斐立普斯（Philippus，公元 1 世纪希腊诗人），原诗见《希腊诗选》卷四。

5. 伊阿宋抛弃美狄亚，因为要和克瑞乌萨（Creusa）结婚。

6. 斐洛斯特拉图斯（Philostratus），公元前 2 世纪左右希腊修辞学家，他的《阿波罗尼乌斯传》（Apollonius）常谈到古代艺术。

7. 本章论证画家宜选用情节发展顶点前那个"最富于孕育性的顷刻"，这是一个重要的学说。参见 108 页注 2。

第四章

为什么诗不受上文所说的局限？

  回顾一下上文所提出的拉奥孔雕像群的雕刻家们在表现身体痛苦之中为什么要有节制的理由，我发现那些理由完全来自艺术的特性以及它所必有的局限和要求，所以其中没有哪一条可以运用到诗上去。

  这里暂不讨论诗人在多大程度上能描绘出物体美，且指出一个无可争辩的事实：诗人既然有整个无限广阔的完善的境界供他模仿，这种可以眼见的躯壳，这种只要完整就算美的肉体，在诗人用来引起人们对所写人物发生兴趣的手段之中，就只是最微不足道的一种。诗人往往把这种手段完全抛开，因为他深信他所写的主角如果博得了我们的好感，他的高贵的品质就会把我们吸引住，使我们简直不去想他的身体形状；或是纵然想到，也会是好感先入为主，如果不把他的身体形状想象为美的，也会把它想象为不太难看的。至少是每逢个别的诗句不是直接诉诸视觉的时候，读者是不会从视觉的观点来考虑它的。维吉尔写拉奥孔放声号哭，读者谁会想到号哭就要张开大口，而张开大口就会显得丑呢？原来维吉尔写拉奥孔放声号哭的那行诗[1]只要听

027

起来好听就够了，看起来是否好看就用不着管。谁如果要在这行诗里要求一幅美丽的图画，他就失去了诗人的全部意图。

其次，诗人也毫无必要，去把他的描绘集中到某一顷刻。他可以随心所欲地就他的每个情节（即所写的动作）从头说起，通过中间所有的变化曲折，一直到结局，都顺序说下去。这些变化曲折中的每一个，如果由艺术家来处理，就得要专用一幅画，但是由诗人来处理，它只要用一行诗就够了。孤立地看，这行诗也许使听众听起来不顺耳，但是它在上文既有了准备，在下文又将有冲淡或弥补，它就不会发生断章取义的情况，而是与上下文结合在一起，来产生最好的效果。所以在激烈的痛苦中放声哀号，对于一个人如果确实是不体面的，他的许多其他优良品质既然先已博得我们的好感了，这点些微的暂时的不体面怎么会使我们觉得是个缺点呢？维吉尔所写的拉奥孔固然放声哀号，但是我们对这位放声哀号的拉奥孔早就熟识和敬爱了，就已知道他是一位最明智的爱国志士和最慈祥的父亲了。因此我们不把他的哀号归咎于他的性格，而只把它归咎于他所遭受的人所难堪的痛苦。从他的哀号里我们只听出他的痛苦，而诗人也只有通过他的哀号，才能把他的痛苦变成可以用感官去认识的东西。

谁会因此就责备诗人呢？谁不会宁愿承认：艺术家不让拉奥孔哀号而诗人却让他哀号，都是做得很对呢？

不过维吉尔在这里只是一位叙事体诗人。这种为他辩护的理由是否也适用于戏剧体诗人呢？对一个人的哀号所作的叙述和那种哀号本身这两件事所产生的印象是不同的。戏剧要靠演员所刻画出来的生动的图画，也许因此就必须更严格地服从用物质媒介的绘画艺术的规律。从演员身上我们不只是假想在看到和听到一位哀号的菲洛克忒忒斯，而是确实在看到和听到他哀号。在这方面演员愈妙肖自然，我们看起来就愈不顺眼，听起来就愈不顺耳，因为在自然（现实生活）中，表现痛苦的狂号狂叫对于视觉和听觉本来是会引起反感的。还不仅此，肉体的痛苦一般并不像其他灾祸那样能引起同情。我们的想象很难从肉体的痛苦里见出足够的东西，使我们一眼看到，就亲身感到类似的痛苦感觉。所以索福克勒斯如果让菲洛克忒忒斯和赫拉克勒斯那样尖声怪气地哀号，他就很容易违犯一条并非任意制定的而是以人类情感本质为依据的礼貌规矩了。当场其他人物不可能按照这些毫无节制的激烈表情所要求的那种程度，去同情这两位主角的痛苦。在我们观众看来，当场其他人物都显得比较冷淡；我们只能把他们的这种程度的同情看作衡量我们自己的同情的尺度。这里还要补充一句。演员不可能把肉体的痛苦表现得惟妙惟肖，或是很难办到这一点。近代戏剧体诗人对付这种暗礁，或是完全避开，或是很轻快地从旁边绕过，谁敢说这种诗人是应该受到谴责，而不应该受到表扬呢？

许多说法在理论上都好像是颠扑不破的，假如天才的作家不曾用创作实践成功驳斥了那些说法。上述那些话都不是毫无根据的，但是《菲洛克忒忒斯》毕竟不失为一部戏剧杰作。上述那些话有一些实际上是与索福克勒斯毫不相干的，至于相干的部分，索福克勒斯却加以鄙弃，因而达到一种美，这种美是胆小的批评家们如果没有见到这个范例，是不会梦想到的。在以下的几段里我们把这个问题讨论得更详细一点。

1. 这位诗人[2]在加强和扩大身体痛苦观念方面显出多么神奇的本领啊！他选用的是一种创伤（连故事的情境也可以看作是由诗人选择的，这就是说，正因为这个情境对他合适，他才选用了整个故事），而不是一种身体内部的疾病，因为创伤比起身体内部的疾病可以产生一种更生动的形象，尽管身体内部的疾病也是很痛苦的。例如墨勒阿革洛斯[3]在他的母亲用致命的柴棍把他作为牺牲品来供奉给手足情分的仇恨时，焚化他的那种内心方面的因柴火而引起的烈火，比起一个创伤，就不那么富于戏剧性。而且这种创伤还是一种天神的惩罚，是由一种超自然的毒汁在永无休止地折磨人。只有这种比较强烈的苦痛的袭击才有固定的周期，时起时伏，每逢痛了一阵之后，受难者就麻木地入睡，在睡中他从精疲力竭中恢复了过来，然后又踏上痛苦的老路。沙托布兰却把菲洛克忒忒斯的创伤写成是由特洛伊人所发的毒箭引起的。[4]从这样一种寻常的事件怎么能期待一种不寻常的后果呢？在古代战争中每个士兵都可能中毒箭，怎么只有在菲洛克忒忒斯的事例中才产生那样凶恶的后果呢？此外，一种自然的毒[5]如果把一个人折磨了整整九年而没有致他于死命，也会显得不真实，比起希腊人所臆造的一切神奇传说都还更不真实。

2. 尽管索福克勒斯把他的主角的身体痛苦写得那么激烈可怕，他感觉到，如果单凭这一点也还不足以引起多大的同情。所以他把身体痛苦结合到其他灾祸上去。这些其他灾祸，单凭它们本身，也还不够特别动人，但是通过这种结合，它们就获得一种哀伤的色调，反过来加强身体痛苦的效果。所说的其他灾祸就是：人与人之间的社交被完全剥夺，饥饿，以及一个人受到这种剥夺而且被抛在气候恶劣的地带所必然遭受的生活方面的一切其他困难。我们不妨设想一个人处在这种环境而身体还健康，有能力而且勤劳，他就会变成一位鲁滨孙，就不会引起我们的同情，纵使从其他方面来看，他的命运也不会是令人漠然无动于衷的。因为我们对于人与人的社交很少是完全心满意足的，所以在没有社交时所享受的那种清静也还是可以看作别有滋味的，特别是想到他从此可以逐渐学会不靠旁人的帮助，每个人都会感到很开心。另一方面，我们也不妨设想一个人患着最痛苦的而且最无法治疗的重病，但是身旁还有许多好心肠的朋友，不让他缺乏什么，尽他们的能力去设法减轻他的灾祸，而且他还可以毫无拘束地向他们抱怨诉苦。在这种情况之下，我们无疑还会同情他，但是这种同情不会维持得很久，我们会终于耸一耸肩膀，劝他要有耐心。只有在这两种假想的情况结合在一起的时候，这位孤独的人无力控制自己的身体，无论是他自己还是旁人，对于这种病都束手无策，而且他的哀怨声也只能消失在荒岛的空气中，只有在这种时候，我们才看到人类所能遭受的一切灾祸都集中到一个不幸的人身上，每逢我们偶然设身处在他的境地来想，我们就会不寒而栗，毛骨悚然。我们面前所看到的只是绝望中的最可怕的情景，没有什么同情（怜悯）比起和绝望的情景混合在一起的同情还会更强烈，更能打动整个心灵的了。菲洛忒忒斯使我们感到的同情就属于这一种。我们感到最强烈的同情是在看到他的弓被人夺去的那一顷刻，这是还可以保持他的凄惨生命的唯一的东西。唉，有一个法国人竟没有足够的理智来考虑到这一点，也没有足够的心肠来感觉到这一点！或是他纵然有，他也平庸到把这种理智或心肠都牺牲掉，去迎合法国人的低级趣味！沙托布兰竟让菲洛克忒忒斯享受到社交生活。他让一位未婚的公主到他的荒岛上来，到他身边来；而且她还不是单独一个人来的，还有保姆陪着，我不知道谁更需要这个老东西，是那位公主还是诗人自己。他把菲洛克忒忒斯玩弄弓箭那一幕好戏完全勾销掉，代替这一幕的是公主的眉目传情。弓箭对于法国少年英雄们来说，当然不过是一种逗笑取乐的玩意，而美丽的眼睛所表现的怒容却比这玩意还严重得多。希腊诗人使我们胆战心惊地想到可怜的菲洛克忒忒斯如果失去了他的弓，就只得留在荒岛上等到惨死。法国诗人却发现一条更稳当的路来投合人心：他让我们提心吊胆地猜想阿喀琉斯的儿子是否要失去他的公主，一个人溜开。巴黎批评家们把这幕戏说成是超过古人的胜利，有一位还建议把沙托布兰的剧本叫作《克服了的困难》。[6]

3. 既已讨论了全剧的效果，我们现在来研究其中某些个别的场面。在这些场面中，菲洛克忒忒斯不再是一个被抛弃的病人，他已有希望不久就要离开那寂寞寡欢的荒岛而回到他的祖国，从此他的全部的灾祸就只限于伤口所产生的痛苦了。他还呻吟，哀号，发生最可怕的痉挛。这种举动特别被人指责为有失体统。提出这个指责的是一位英国人[7]，所以我们不应轻易地猜疑他有什么虚伪的讲礼的敏感。他为这个指责提出过很好的理由。他说，凡是旁人不大能同情的那些情感和激情，如果用过分激烈的方式表现出来，就会讨人嫌厌。"就是因为这个缘故，一个人最失体统和最丢脸的事，莫过于他没有足够的忍耐去忍受哪怕是最难堪的痛苦而痛哭哀号起来。对身体的痛苦固然也有一种同情。例如我们看到一个人的手或腿正要遭到打击的时候，我们就很自然地吃了一惊，把自己的手或腿缩回；等到那人的手或足真正挨打的时候，我们在某种程度上感到仿佛自己挨了打，和那挨打的人所感到的差不多。但是同时有一点也是确实的，我们所感到的那点不快感毕竟是微不足道的；如果那位挨打的人大号大叫起来，我们就不免鄙视他，因为我们没有心情要跟他那样大号大叫。"替人类情感定普遍规律，从来就是最虚幻难凭的。情感和激情的网是既精微而又繁复的，连最谨严的思辨也很难能从其中很清楚地理出一条线索来，把它从错综复杂的牵连中一直理到底。就假定这是可能的，那又有什么用处呢？自然界从来就没有任何一种单纯的情感，每一种情感都和成千的其他情感纠缠在一起，其中任何最细微的一种也会使基本情感完全改变，以至例外之外又有例外，结果那个所谓普遍规律就变成只是少数几个事例的经验。上述那位英国人说，如果听到一个人遭到身体苦痛时就大号大叫，我们就会鄙视他。但是这也不尽然：初次听到就不会鄙视，看到那受害者用尽了力量来压住号喊，或是知道他素来是个坚定的人，特别是在苦难之中仍表现出坚定，我们看到苦痛虽然逼得他哀号，却不能逼他做其他的事，他宁可长期忍受下去，也不肯丝毫改变他的思想或决断，尽管改变就可望完全解除他的痛苦——在所有这些情况之下，我们都不会鄙视他。而这些情况都正是菲洛克忒忒斯的情况。在古希腊人看来，道德方面的伟大就在于对朋友有始终不渝的爱，对于敌人有不可磨灭的恨。在他的一切灾难中，菲洛克忒忒斯都保持着这种道德方面的伟大。他的痛苦并没有使他的眼泪流尽，以至于听到他的老友们的厄运时他就无泪可挥。他的痛苦也并没有使他软弱下来，以至于为着苟且解除痛苦，就不但宽宥敌人，而且甘心让敌人利用自己，去为他们的自私的意图服务。难道雅典人只因为波浪虽不能使他动摇，却至少使他发出被浪打的声音，就会鄙视这样岩石般的人吗？我得承认，我对西塞罗的哲学一般很少感兴趣，特别是对他在《塔斯库伦辩论文集》卷二中吹嘘临到身体痛苦要忍耐那番话。[8] 人们不免想到西塞罗那样激烈反对表现痛苦是在想要教练格斗士。他仿佛认为只有在表现痛苦上才见得出缺乏忍耐，没有想到痛苦的表现往往并不出于自由意志，而真正的勇敢只有在出于自由意志的行动上才可以见出。他在索福克勒斯的剧本里只听到菲洛克忒忒斯在呻吟和哀号，完全没有看到他在其他方面的坚定的风度。否则他在什么地方找到理由来对诗人们进行那种夸夸其谈的攻击呢？"他们会使我们变得软弱，因为他们把最勇敢的人描写成为痛哭流涕的。"诗人们不得不让最勇敢的人痛哭流涕，因为剧场不是格斗场。被定刑的或雇佣的格斗士就得按身份照仪式去做一切和忍受一切。从他们那里不应听到任何哀怨的声音，也不应看到任何苦痛的痉挛。要让观众开心的就是他们的负伤，他们得死：所以格斗这种玩意就必须训练隐藏一切情感。稍微表现一点情感就会引起同情，而屡次引起的同情就会很快地迫使这种冷酷的把戏不能再演下去。但是在格斗场上所不容许激发的东西正是悲剧剧场的唯一目的，所以就要求一种完全相反的仪表。悲剧的主角一定要显示情感，表现他们的苦痛，让自然本性在他身上发挥作用。如果他们流露出经过训练和勉强做作的痕迹，他们就不能打动我们的心，而穿高底靴的拳击师傅[9]至多也只能令人惊奇。这个称号却恰恰适合安在所谓"塞内加式的"悲剧中所有的人物身上。[10] 我有一个坚定的信念：罗马人在悲剧方面之所以停留在平庸的水平以下，其主要原因就在于格斗的把戏。观众在血腥的格斗里学会了歪曲一切自然本性，在那里可以学习本领的只是一位克特西阿斯[11]而绝不是一位索福克勒斯。习惯于这种矫揉造作的死亡场面，最有悲剧天才的诗人也会堕落到浮夸。但是浮夸不能激发起真正的英雄气概，正如菲洛克忒忒斯的哀怨不能使人变得软弱。他的哀怨是人的哀怨，他的行为却是英雄的行为。二者结合在一起，才形成一个有人气的英雄。有人气的英雄既不软弱，也不倔强，但是在服从自然的要求时显得软弱，在服从原则和职责的要求时就显得倔强。这种人是智慧所能造就的最高产品，也是艺术所能模仿的最高对象。[12]

4. 索福克勒斯不仅满足于使他的敏感的菲洛克忒忒斯不致遭到鄙视，他还很明智地作了预防措施，使人们不致根据上述那位英国人的话，对他提出任何其他指责。我们虽然不是永远要鄙视因受到身体痛苦而哀号的人，我们却也毫无疑问地不能向他表示这种哀号所要求的那么多的同情。站在这位哀号的菲洛克忒忒斯身边而要和他打交道的那些人应该表现出什么样的态度呢？他们应该大为感动吗？这是违反自然的。他们应该显得冷淡和张皇失措，像人们通常在这种情况之下所表现的那样吗？这也会对观众产生最不愉快的不协调的效果。但是索福克勒斯对此却作了预防措施，像上文所提到的。那就是使他周围的人各有自己的关心事；所以菲洛克忒忒斯的哀号在他们心上所产生的印象并不是他们唯一关心的事，因此观众不大注意到那些周围的人的同情与哀号在程度上不相称，而更多地注意这种同情（无论是强还是弱）对那些人自己的意图和计谋所产生的或所应产生的改变。奈奥普托勒姆斯和合唱队对那位不幸的菲洛克忒忒斯进行了欺骗，[13]他们认识到他们的欺骗会把他抛到什么样的绝望境地；这时候一个可怕的事故在他们眼前发生了；这个事故纵然不能在他们心中引起很大的同情，至少也会使他们追悔，使他们重视他那样大的痛苦，而不再用欺骗来增加他的痛苦。这一点是观众所期待的，而高尚的奈奥普托勒姆斯也并没有辜负这种期待。菲洛克忒忒斯如果控制住他的痛苦，就会使奈奥普托勒姆斯不放弃欺骗。菲洛克忒忒斯由于苦痛而不能进行任何欺骗，尽管欺骗对他像是绝对必要的，以便使他的未来的旅伴们不至于过早地反悔他们带他回国的诺言；菲洛克忒忒斯完全服从了自然本性，这就感动了奈奥普托勒姆斯，使他也回到自然本性。这个转变场面是很精彩的，它特别感动人，因为它完全合乎人情。而在法国人的那部剧本里，美丽的眼睛对这个转变场面却又发挥了作用。[14]但是我不愿再想到这种滑稽戏了。把来自身体痛苦的哀号在当场其他人物中所应引起的同情和他们的另一种情绪结合在一起，这种艺术手法索福克勒斯在《特拉喀斯少女》悲剧里也运用过。[15]赫拉克勒斯的苦痛并不使他精疲力竭，却使他疯狂，在疯狂中他所渴求的只是报复。他已趁狂怒把利卡斯[16]抓起抛到岩石上，使他粉身碎骨。合唱队是由妇女组成的，所以更自然地禁不住恐惧和惊惶。这些情绪之外，再加上一种焦虑：是否会有一个神赶来援救赫拉克勒斯；他是否会在灾难的压力下倒下去；这些心情在这部戏剧里组成了那种真正普遍的吸引力，同情在这种吸引力上面只渲染了一层薄薄的色彩。一旦想到预言已指出了结局[17]，赫拉克勒斯就安静下来，他最后的坚定所引起的惊羡就压倒了其他一切情绪。但是把受苦难的赫拉克勒斯和受苦难的菲洛克忒忒斯进行对比时，我们总不应忘记前者是一个半人半神，而后者只是一个人。人并不以号哭为耻，半人半神在发现自己的人性对神性有那么大的力量，使得他像一个女孩子啼哭起来时，却不免感到羞惭。我们近代人不相信什么半人半神，却期望一个极微小的英雄在情感和行动上都能像一个半人半神！

一个演员是否能把来自苦痛的哀号和痉挛模拟得惟妙惟肖呢？对这个问题，我既不敢否定，也不敢肯定。如果我发现我们的演员们都办不到这一点，我就应首先问明加里克[18]是否也办不到。如果加里克也办不到，我还可以设想古代人在做功和台词方面都能达到我们近代人所想象不到的那种完美。[19]

注释

1. 这行诗的拉丁文是 Clamores simul horrendos ad sidera tollit（他向天空发出可怕的哀号），据说音调特别铿锵。

2. 指索福克勒斯。

3. 墨勒阿革洛斯（Meleager）是希腊卡吕冬国的王子，野猪在这国里为害，他杀了野猪，把皮送给所爱的女子，他的舅父们却从那女子手里夺去，墨勒阿革洛斯把他们全杀了，这就激怒了他的母亲。原来墨勒阿革洛斯出世时，曾被预言他的生命将随家灶里的一根柴棍同归于尽。他母亲因此把柴棍藏起，这时她要替弟兄报仇，就愤而把这根柴棍投到火里，柴棍烧完了，墨勒阿革洛斯也就死了。

4. 参看 11 页注 18。

5. 菲洛克忒斯从毒蛇所受的创伤是"一种天神的惩罚"，所以不是"自然的毒"。

6. 见《法兰西信使》1755 年 4 月号。

7. 见亚当·斯密（Adam Smith）《道德情操论》第一部分第二节第一章。亚当·斯密是英国著名的经济学家。

8. 参看 4 页注 3。西塞罗的《塔斯库伦辩论文集》有《论轻视死亡》、《论忍痛》等章，受希腊斯多噶派哲学的影响，宣扬克制情欲。

9. 指罗马游戏场中的格斗士。格斗是罗马人的一种残酷的游戏，参加者大半是奴隶或俘虏，两人拼命搏斗，往往只有到死为止，才能使观众开心。

10. 塞内加（Seneca），公元 1 世纪罗马剧作家，写过九部悲剧，大半写残酷的凶杀事件。

11. 克特西阿斯（Ktesias），公元前 5 世纪希腊历史学家，在希波战争中被俘，在波斯朝廷当了十七年医生，并以直接材料著有《波斯志》二十三卷。莱辛这里不是指这个人，而是指另一个名叫克特西劳斯（Ktesilaus）的雕刻家，以一座受伤垂死者的雕像而出名。

12. 莱辛这段论罗马悲剧衰亡原因的文章值得重视，他趁便说出了他的悲剧主角的理想，也就是德国将来的伟大人物的理想。

13. 奈奥普托勒姆斯（Neoptolemus）是阿喀琉斯的儿子，希腊人在东征的第十年，派幽里赛和他到楞诺斯岛去见菲洛克忒斯，设法劝他带弓箭去特洛伊参战。奈奥普托勒姆斯佯言要带菲洛克忒斯回国，想骗取他的弓箭，但是看到病人的痛苦情况，起了同情，就放弃了骗取弓箭的诡计。

14. 指上文所提到的沙托布兰的剧本中另一处理方式：奈奥普托勒姆斯放弃了他的诡计，是因为他怕公主索菲亚瞧不起他。

15. 参看 11 页注 16。这部剧本的情节是这样：赫拉克勒斯带妻子德伊阿妮拉（Deianira）远行，路过一条河，把她交给半人半马的涅索斯驮过去而自己游水过去。在途中涅索斯企图奸污德伊阿妮拉，赫拉克勒斯用箭把他射杀。涅索斯临死时把血衣交给德伊阿妮拉，告诉她说这件衣服有巩固男子爱情的功效。后来德伊阿妮拉就把这件衣服送给丈夫穿。衣上本来有毒血，赫拉克勒斯穿了就中了毒，苦痛万分，以致发狂而死。

16. 利卡斯（Lichas）是送血衣给赫拉克勒斯的使者。

17. 赫拉克勒斯一听到血衣来自涅索斯，就想起关于他自己的一个预言，说他不死于活人之手，知道自己的死是实现了这个预言，就泰然死去。

18. 大卫·加里克（David Garrick，1717—1779），著名的英国演员。

19. 本章就《菲洛克忒忒斯》悲剧进行了详细的分析，来论证诗与画不同，诗应该尽量表情，并且主张演剧也应尽量表情。这一章对于理解莱辛的戏剧观点是很重要的，可参看狄德罗的《演员奇谈》。

第五章

是否雕刻家们模仿了诗人？

有些淹通古代的学者认为拉奥孔雕像群诚然是希腊雕刻大师的作品，但是年代是在罗马帝国时期，因为这些学者们相信，它的蓝本是维吉尔所写的拉奥孔。在古代持这种意见的学者中我只举巴托洛梅乌斯·玛里阿尼，在近代学者中我只举蒙福孔。[1]他们无疑从这件艺术作品和诗人的描绘之中看出一种特别的一致性，令人想到它们不可能是偶然地碰上同一情境，而这种情境又很不像是不招自来的。因此，他们就假定：如果问题涉及构思和独创，荣誉应该归给谁，应该归给诗人的可能性就比应该归给艺术家们的可能性要大得多。

但是他们似乎忘记此外还有第三种可能：也许既不是艺术家们模仿了诗人，也不是诗人模仿了艺术家们，而是诗人和艺术家们都根据同一个更古的来源。按照马克罗比乌斯[2]的说法，这个更古的来源可能是庇桑德[3]，因为这位希腊诗人的作品在当时还存在，而且连小学生们也知道，罗马诗人维吉尔在他的史诗卷二里所写的关于征服和毁灭伊利翁[4]的那一整段情节，都是从庇桑德那里与其说是模仿来的，还不如说忠实地翻译出来的。如果庇桑德是维吉尔所写的拉奥孔故事的来源，希腊艺术家们就无须去向一位罗马诗人请教，关于这些希腊艺术家的年代的揣测就没有什么根据。

假如我有必要采纳玛里阿尼和蒙福孔的意见，我就想向他们提供一个解脱上述困难的办法。庞桑德的诗现在既已失传了，我们并不能有把握地说他对拉奥孔的故事究竟是怎样叙述的；但是他的叙述很可能和我们现在还能从古代希腊作家的著作中见出一些痕迹的拉奥孔的故事相同。这种故事和维吉尔所写的故事却极少有一致之处，所以这位罗马诗人一定按照他自己的意思，对希腊传说进行了完全的改编。所以他叙述拉奥孔厄运的方式就是他自己的独创；因此，如果艺术家们在塑造形象中和维吉尔一致，他们的年代就只能在维吉尔之后，而且他们的作品也只能是以维吉尔的史诗为蓝本的。

昆图斯·卡拉伯[5]固然也和维吉尔一样，让拉奥孔对木马起猜疑，不过在他的叙述中，这种猜疑所引起的智慧女神密涅瓦的愤怒是用完全另一种方式表现出来的[6]。这位提出警告的特洛伊祭司发现脚底下地震起来了，感到恐怖和焦虑，眼睛里燃烧着激烈的苦痛，头也疼不可忍，以至发疯，眼睛也瞎了。尽管眼瞎了，他还不甘休，还劝人焚烧木马；只有在这个时候，密涅瓦才差遣来两条可怕的毒蛇，不过毒蛇所抓住的只是拉奥孔的两个儿子。这两个儿子伸手向父亲求救，可是枉然，那位可怜的瞎子老人无法营救他们，他们就被蛇撕成粉碎，蛇于是就钻到地里去了。拉奥孔自己并没有遭到伤害。故事中这一情节并不是昆图斯一个人所独创而是当时普遍流行的。这一点可以从吕科佛戎[7]的一段话里找到证明，他把那两条毒蛇叫作"食孩蛇"。

如果这些情节是在古希腊人中普遍流传的，希腊艺术家们就不会轻易改动它们，纵然改动，他们也不会碰巧就和罗马诗人改得一模一样，除非他们原先就已熟悉这位罗马诗人，或是他们也许在接受任务时，已明白规定要用这位罗马诗人的作品作为蓝本。我想这是要为玛里阿尼和蒙福孔辩护的人们所必须坚持的一点。维吉尔是第一个人，而且是唯一的人，让两条毒蛇把父亲和儿子一起缠死；雕刻家们也就照办了；作为希腊人，他们照理本来是不应该这么办的，所以他们可能受到了维吉尔的启发。

我很明白，这种可能性还够不上历史的确凿性。不过我虽然不敢据此作出其他的历史结论，至少却相信我们可把上述论点作为一种假设，以便批评家据此进行考察。不管雕刻家们用维吉尔史诗作为蓝本这个论点是否已得到证实，我想姑且假定事实是如此，来考察一下他们是怎样根据维吉尔而进行工作的。关于哀号一点，我已经把我的看法说得很清楚了。也许进一步地比较还可以导致一些同样富于感发性的看法。

让毒蛇把父亲和两个儿子捆在一起，这无疑是一种很巧妙的构思，显出了一种不平凡的图画的想象力。这究竟要归功于谁呢，诗人还是艺术家们？蒙福孔不肯把这个构思归功于诗人。但是我认为他对诗人的作品读得不够细心：

> ……但它们（蛇），
>
> 一直就奔向拉奥孔；首先把他两个孩子的
>
> 弱小身体缠住，一条蛇缠住一个，
>
> 而且一口一口地撕吃他们的四肢；
>
> 当拉奥孔自己拿着兵器跑来营救，
>
> 它们又缠住他，拦腰缠了两道，……[8]

诗人把两条蛇描绘为惊人的长。它们缠住了两个儿子，等到父亲来救他们时，它们把他也缠住了。由于身躯庞大，它们不能立刻把自己缠着孩子们的身子解开，所以在它们已经用头和前身去袭击父亲而同时还用后身缠住儿子们之际，当中一定要有一顷刻的间隔。这一顷刻对诗的描绘的发展是必要的；诗人让我们很清楚地感到这一点，但是这时来描绘这一顷刻并不是时候。从多纳图斯[9]的一段话里，可以看出古代评注家们也感到了这一点。所以艺术家们自己不大可能忽视了这一点，因为在艺术家们的洞察一切的目光里，凡是对他们有利的东西都会很快地而且很清楚地看出来。

诗人想象那两条蛇把拉奥孔缠绕几道，但是很谨慎地不让它们缠绕住胳膊，而让双手有完全自由活动的余地：

> 他想要用双手拉开它们的束缚，

在这一点上艺术家们必然要跟着诗人走。最能达到生动表情的莫过于双手的活动，特别是在情绪激动中，如果没有双手的活动，就连最能表现情绪的面孔也会显得没有意义。如果胳膊也被蛇缠绕起，紧捆在躯干上，那就会在这整个雕像群上投下一阵寒霜和死气。所以我们看到这里无论是主要人物还是次要人物，他们的胳膊，都有充分活动的自由，而且哪里苦痛最激烈，那里活动也就最紧张。

还不仅此，考虑到蛇的缠绕，艺术家们最宜于仿效诗人的也就莫过于胳膊的自由。维吉尔让那两条蛇缠绕拉奥孔的身躯两道，颈子又两道，蛇的头都昂举到他头顶上。

> 又用鳞背把他的颈项捆了两道，
> 它们的头和颈在空中昂然高举。

这幅图景很生动地唤起我们的想象，身体的最尊贵的部分被压得吐不出气来，毒液就一直流到面部。但是这样的图景对于艺术家们却不相宜，他们却要在躯干上显出伤痛和中毒的效果。要使这种效果可以看得到，身体的主要部分就须尽量地露出，就不应遭受外来的压力，以致改变或减弱剧疼的神经和紧张的筋肉的活动情况。如果蛇绕身两道，就会把躯干完全掩盖起，结果那种很有表现力的腹部痛苦和抽搐就会看不见了。人们还在缠绕部分上下左右之间看到的那部分身体就会现出不是由内心苦痛而是由外部压力所造成的压痕和肿胀。如果蛇绕颈两道，那种金字塔尖顶式的优美构图就会完全遭到破坏；而两条蛇的尖头从下面隆起的基座[10]中竖起，昂然高举到空中，也就会使雕像群的比例遭到突然破坏，全体形象就会显得可厌。有些构图设计者很愚蠢，不管这个道理，让自己被诗人束缚住。结果怎样，我们从弗兰茨·克莱恩[11]的一幅素描插图里可以看出，这幅插图看起来只能令人恶心。古代雕刻家们却一眼就看出，雕刻艺术在这种地方要求一种完全不同的处理。他们把蛇的缠绕从颈项和胸腹移到腿和脚。在这些部分就可以按照需要去遮掩和加压力，而不至损害表情。那些缠绕就产生一种欲逃未脱和无法动弹的印象，这对于使这种姿势获得艺术的持久性是非常有利的。

我不懂得批评家们对于艺术作品与诗人的描绘在蛇的缠绕上所表现出的鲜明区别，何以竟轻轻放过，一字不提。这个区别足以显出艺术家的智慧，正不亚于批评家们都提到的另一个区别（他们提到这另一区别，也只是为着辩护而不是为着表扬）。我指的是服装上的区别。维吉尔所写的拉奥孔穿着祭司的道袍，但是在雕像群里，他和两个儿子都是完全裸体的。据说有些人认为让一位王子和祭司赤裸裸地站在举行献牲牺牲典礼的祭坛上，未免大失体统。艺术鉴赏家们对这些指责的人曾郑重其事地作过这样的回答：这当然是犯了违反习俗的过错，但是艺术家们是迫不得已的，因为他们想不出拿什么合适的衣服给作品中的人物来穿。这些鉴赏家还说，雕刻无法模仿衣料，衣褶会产生很坏的效果。所以两害相权取其轻，艺术家们宁愿违反真实，而不愿刻画服装，以至遭到指责。如果古代艺术家们听到这种对裸体的指责都会发笑，我就不知道他们对这个回答会怎样看了。依我看，如果雕出服装，这将会是降低艺术表现的最坏的办法。姑且假定雕刻也和绘画一样能模仿各种衣料，它是因此就应该让拉奥孔穿上衣服呢？在衣服遮盖之下是否无所损失呢？衣服是由奴隶制作的，而有机的身体却是永恒智慧的作品，衣服能和人体比美么？模仿衣服比模仿人体是否需要同样的才能，具有同等的价值，博得同样高的光荣呢？我们的眼睛是否就只想得到逼真的幻觉而不管使它们得到逼真的幻觉的东西究竟是什么呢？

　　对于诗人来说，衣服并不算衣服，它遮掩不住什么，我们的想象总是能透过衣服去看。不管维吉尔所写的拉奥孔是否穿了衣服，他身上每部分的痛苦，对于想象来说，都是一样可以眼见的。拉奥孔的额头是围着司祭的头巾的，但并不因此就被遮掩住。头巾不但不妨碍什么；而且能加强我们对于受难者灾祸的印象：

　　　　但他的头巾已浸透毒液和瘀血。

司祭的尊严无补于事了：就连使他到处受到尊敬的那条徽志也让毒液浸透和染污了。

　　但是艺术家如果不肯让作品主题受到损失，他就必须放弃这种次要的观念。假如他让拉奥孔还戴上头巾，表情就会大为削弱。额头就会有一部分被遮掩起，而额头正是表情的中心。正如在上述哀号那一点上，艺术家为了美而牺牲了表情，在这里他却为了表情而牺牲了习俗。在古代人看来，习俗通常是无足轻重的。他们感觉到：艺术的最高目的可以导致习俗的完全抛弃。美就是这种最高目的；衣服的发明起于需要，艺术和需要有什么相干？我承认衣服也有一种美，但是比起人体美来，衣服美算得上什么呢？凡是能得到较伟大的东西的人肯对较渺小的东西感到心满意足吗？我恐怕最擅长描绘服装的艺术大师正是在这种精巧手艺上显出了他的缺点。[12]

注释

1. 巴托洛梅乌斯·玛里阿尼（Bartholomäus Marliani），16 世纪意大利考古学者。蒙福孔见 18 页注 13。

2. 马克罗比乌斯（Macrobius），公元 5 世纪罗马作家，对维吉尔史诗做过评注。

3. 庀桑德（Peisander），公元前 7 世纪希腊诗人，写过一部史诗，今已失传。

4. 伊利翁（Ilium），即特洛伊。

5. 昆图斯·卡拉伯（Quintus Calaber），公元 4 世纪末的希腊诗人，写过一部史诗，叫作《荷马所没有叙述的东西》，叙述从特洛伊陷落到希腊大军回国之间的故事。

6. 参看附录三。密涅瓦是希腊智慧女神雅典娜的罗马名称。

7. 吕科佛戎（Lykophron），公元 3 世纪希腊亚历山大城的诗人，写过一部诗叫作《卡珊德拉》（Cassandra，特洛伊公主，女预言家），描写特洛伊的陷落。此诗尚存。

8. 见《埃涅阿斯纪》卷二，第 199 至 224 行，见附录三。

9. 多纳图斯（Donatus，生活于公元 4 世纪），维吉尔史诗的评注者。

10. 指雕像群主要部分。

11. 弗兰茨·克莱恩（Franz Cleyn）曾为英国诗人德莱顿（Dryden）的维吉尔史诗的英译本（1679 年版）作插图。

12. 第一章到第四章就拉奥孔哀号一点来论证诗与画在处理激情方面的区别。第五章和第六章就蛇的缠绕和服装等方面对诗与画进行比较，并提出拉奥孔雕像群和维吉尔史诗的年代先后以及谁模仿谁的问题。莱辛倾向于相信雕刻家们以维吉尔史诗为蓝本。

第六章

是否诗人模仿了雕刻家？

我所提出的艺术家们模仿了诗人的假说并没有贬低了艺术家们。毋宁说，这种模仿更足以显出艺术家们的智慧。他们追随诗人，却丝毫没有被诗人引入迷途。他们用了一个蓝本，但是在把这个蓝本从一种艺术转移到另一种艺术的过程中，他们有充分的机会去进行独立思考。他们的独立思考就表现在改变蓝本方面，这就证明了他们在雕刻艺术里和诗人在诗的艺术里是同样伟大的。

现在我要把原来的假说翻转过来，假想是诗人模仿了艺术家们。有些学者把这个假说看成真理[1]。他们有没有历史根据，我不知道。也许是他们看到这座雕像群非常美，就不能相信它是一个晚期的作品。它一定属于艺术最繁荣的时期，因为它配得上摆在那个时期里。[2]

前已指出，尽管维吉尔所描绘的形象是很美妙的，其中却有一些细节不是艺术家们所能采用的。因此，人们所说的"一个很好的诗的描绘一定可以产生一幅很好的真正的图画，而诗人之所以描绘得好，也正因为能让艺术家在一切细节上都可以模仿他"，这样一条原则就有它的局限性。其实人们在没有看到经过实例证实以前，就可以揣测到它有局限性，如果他们考虑到这样一些事实：诗的范围较宽广，我们的想象所能驰骋的领域是无限的，诗的意象是精神性的[3]，这些意象可以最大量地、丰富多彩地并存在一起而不至互相掩盖，互相损害，而实物本身或实物的自然符号却因为受到空间和时间的局限而不能做到这一点。

较小的东西如果不能包含较大的东西，却可以被包含在较大的东西之内。[4] 我要说的就是：如果描绘的诗人所运用的每一个细节不是都可以移到花布上或大理石上去而还能产生同样好的效果，是否艺术家所运用的每一个细节就都可以移到诗人的作品里去而还能产生同样好的效果呢？无可怀疑，答案是肯定的；因为凡是我们在艺术作品里发现为美的东西，并不是直接由眼睛，而是由想象力通过眼睛去发现其为美的。通过人为的或自然的符号就可以在我们的想象里重新唤起同实物一样的意象，所以每次也就一定可以重新产生同实物所产生的一样的快感，尽管快感的强度也许不同。

既然承认了这一点，我就得招认，在我看来，维吉尔模仿了艺术家们的假设，比起艺术家们模仿了维吉尔的假设，是较难理解的。如果是艺术家们模仿了诗人，我们可以解答他们何以做了那些更改的问题。他们不得不更改，因为诗人所写的一些细节用在诗里很合适，而用作雕刻里就不合适。但是另一方面，诗人有什么理由一定要更改雕刻家的细节呢？如果他在每一点上都忠实地按照雕像群去写，他就不能替我们造一个很好的形象吗？我很理解，他的自由活动的想象力可以想出这个或那个细节，但是我找不出理由来说明既然已经有那些优美的细节摆在眼前了，他的判断力为什么还要把它们改成另外的样子。

我还能想到另外一点：假如维吉尔是用雕像群做他的蓝本，他就不大可能显出那么多的节制，以致就连对父子三人被蛇缠绕在一起这一场面，也不明确说出而只让人猜测。这个场面理应在他眼里产生生动的印象，使他感到顶好的效果，因此他也就理应把它更突出地描绘出来。上文我已经说过：这时并不是尽量描绘这种缠绕的时候。诚然不是时候，但是诗人如果有必要把这种缠绕摆在不过分突出的地位，只加上一言半语，还是可以使它产生一个很明确的印象。凡是艺术家无须通过这一言半语就可以表现出来的东西，诗人如果真正看到过艺术家是怎样办到的，他就决不会不用这一言半语去把它表现出来。

　　艺术家有最迫切的理由，不能让拉奥孔的苦痛迸发为哀号。但是诗人如果见到雕刻作品中的那种苦痛与美相结合的动人的效果，试问他有什么绝对不可避免的必要，要一笔勾销这种结合所产生的大丈夫的尊严和伟大的心肠的忍耐心意而不把它表现出来，就突如其来地用拉奥孔可怕的哀号来使我们感到震惊呢？理查森回答说，维吉尔所写的拉奥孔不得不哀号，因为诗人的用意倒不在唤起对拉奥孔的同情，而在唤起特洛伊阵营中的震惊和恐怖。我姑且承认这个看法是对的，不过理查森似乎没有考虑到诗人并不是用自己的身份而是用诗中主角埃涅阿斯的身份，去作这番描述的，而且埃涅阿斯还是在描述给狄多[5]听，想尽量博取狄多的同情。使我感到惊奇的倒不是那场哀号，而是在那场哀号之前没有循序渐进的准备；假如他真是用雕像群为蓝本，像我们所假设的那样，他自然就会作这种准备。理查森补充说，拉奥孔的故事不过是为最后一个动人的场面[6]作准备，所以诗人不肯把这段故事写得更有趣，以致为了一个公民的灾祸而分散我们对最后那可怕的一夜的场面所应有的注意。但是这种看法是从绘画观点来看那个场面，而那个场面是绝对不能以绘画观点来看的。对于诗人来说，拉奥孔的灾祸和特洛伊的毁灭并不组成横陈并列在一起的画景，并不形成一个整体，我们不可能也不应该一眼就同时把这两件事都看到；只有在一眼同时看到这两件事的情况下，才要当心不让我们对拉奥孔注意更多，对燃烧中的特洛伊城注意较少。这两件事的描述是前后承续的，我看不出为什么前一件事使我们大受感动，就会使第二件事相形见绌，除非那第二件事本身根本不足以动人。

　　诗人更没有理由去更改蛇的缠绕。在雕刻作品中，蛇的缠绕使受难者的双手忙于应付，把他们的脚绑住。这样的安排是很悦目的，留在想象中的形象也是很生动的。它既明确而又单纯，用语言来表现它，并不比用自然符号来表现它更困难。

　　　　……一条蟒蛇跳起，去袭击拉奥孔自己，

　　　　把他周身从上到下都缠绕起来，

　　　　然后用毒齿咬他的腰；

　　　　…………

　　　　另一条蛇又突然溜回来，溜到下身，

　　　　把他的双膝紧紧地缠绕在一起。

这几行诗是莎多勒特写的[7]，如果出于维吉尔之手，就无疑地描绘出更好的图画来（假如他有一个蓝本摆在眼前，来启发他的想象），而且会比他所留传下来的这两行诗更好：

　　　　它们又缠住他，拦腰缠了两道，

　　　　又用鳞背把他的颈项捆了两道，

　　　　它们的头和颈在空中昂然高举。

这些细节固然也抓住我们的想象，但是却不让我们的想象在它们上面多流连，想象不能设法使它们井井有条，一目了然，而是要时而只想到拉奥孔，时而只想到蛇，不能想到拉奥孔和蛇摆在一起会形成什么样的一个形象。如果想象想到了形象，它对维吉尔的描绘就只会感到不满，觉得它最没有绘画的艺术性。

纵使维吉尔就他的蓝本所作的更改并不算不成功，却仍不免是纯然任意武断的。模仿本来要求类似，在不必要时更改，能否达到类似呢？毋宁说，既模仿而又要更改，用意就显然不在求类似，所以根本也就不是模仿。

人们也许反驳说，全体不是模仿，这一部分或那一部分或许还是模仿。好！但是究竟有哪些个别的部分在诗人的描绘中和在雕刻作品中显得完全一致，使得我们可以说，在这些个别部分上，诗人是模仿了雕刻作品呢？拉奥孔，他的两个儿子以及那两条蛇都是从传说中传下来的，传给了艺术家，也传给了诗人。把传说的部分抛开，艺术家和诗人并不一致，只有在一点上一致，那就是父亲和儿子们都被蛇缠绕成一团。但是这个想法起于更改了情境：那就是父亲也遭到儿子们所遭到的厄运。这一点更改，像上文已经提到的，像是维吉尔的手笔，因为过去希腊传说并不是这样的。所以就蛇把父亲和儿子缠在一起这一点来说，不是诗人模仿了艺术家，就是艺术家模仿了诗人，二者必居其一，而后一个可能性显得较大。在其余一切细节上，诗人和艺术家却都不一致；只是要把这一点区分清楚：如果是艺术家们作了这些更改，他们的模仿诗人的企图并不因此就显得不存在，因为他那门艺术的界限逼得他不得不作那些更改；但是另一方面，如果假设诗人模仿了艺术家，那么，上述那些更改就足以证明这种假设不能成立，凡是不顾到这一点而坚持这种假设的人们就不能别有所指，只能指雕像群在年代上要早于维吉尔的诗的描述。[8]

注释

1. 据原注，指玛菲（Maffei，1675—1755）、乔纳森·理查森（Jonathan Richardson，1667—1745）、冯·哈格多恩（Von Hagedorn，1708—1754）等人。玛菲是意大利剧作家；哈格多恩是德国学者，著有《画论》；乔纳森·理查森，英国画家和艺术理论家，著有《画论》，莱辛遗稿中有读这部书的笔记数条。

2. 这正是温克尔曼的看法。

3. "精神性的"即观念性的，不是像绘画的意象那样直接代表具体的实物。

4. 画比诗范围较小，诗的题材不一定都能纳入画，画的题材却可都纳入诗。

5. 维吉尔的史诗《埃涅阿斯纪》是模仿荷马史诗而且接着特洛伊战争来写的。主角埃涅阿斯（Aeneas）是特洛伊国王的女婿，国亡之后，带着二十条船往地中海朝西航行，到了非洲迦太基附近，他的船被风浪打破了，他受到了迦太基女王狄多（Dido）的款待，和她发生了爱情，但是他遵从神谕离开了迦太基，狄多失恋自杀。后来他到了现在的罗马，和当地国王拉提努斯（Latinus）的女儿结了婚，就成了拉丁民族祭奠的始祖。他在迦太基向狄多叙述了拉奥孔的故事（见《埃涅阿斯纪》卷二。参看附录三）。

6. 指特洛伊的毁灭。

7. 参看 10 页注 4。

8. 本章论证维吉尔模仿拉奥孔雕像一说不能成立。莱辛认为，拉奥孔雕像群是受维吉尔史诗影响的，所以年代在后。

第七章

是独创性的模仿还是抄袭？

人们说到艺术家模仿诗人，或是诗人模仿艺术家的时候，这话可以有两种含义。一种是这一方实际就用另一方的作品为模仿的对象；另一种是双方都模仿同一个对象，而这一方却采用另一方的模仿方式和风格。

维吉尔在描绘埃涅阿斯的护身盾时，他是按照第一种含义去模仿制造这面护身盾的艺术家。[1] 他所模仿的是这件艺术作品本身，而不是表现在这件艺术作品上面的那些东西；尽管他同时也描绘了那些东西，他也只是把它们看作护身盾的一部分，而不是描绘它们本身。但是另一方面，如果是维吉尔模仿了拉奥孔雕像群，那就会是第二种含义的模仿，因为他所模仿的并不是那雕像群本身，而是其中的人物情节，他从那雕像群中所借取的只是这些特殊人物情节。

在第一种含义的模仿中，诗人显出独创性，在第二种含义的模仿中，他只是一个抄袭者。前一种是形成诗本质的那种一般性的模仿中的一部分；他作为天才而创作，他的题材可以是另一门艺术的作品，也可以是大自然的作品。后一种模仿却不然，它完全降低了艺术家的尊严；他所模仿的并不是事物本身，而是旁人对事物的模仿；他所显出的特征并不是他自己所独创的，而只能使我们对另一位天才的特征起一种索然无味的联想。²

如果艺术家和诗人都用同一对象，而且往往从同一个观点出发来看它，他们两人的模仿都不免在许多方面显出一致，而彼此之间却不曾有丝毫的模仿或竞赛。如果题材所涉及的某些事物现已不复存在，同时代的艺术家们和诗人们所显出的这种互相一致，就可以起互相说明的作用。但是如果把这种说明捧得太高，把一种偶合看成一种意图，特别是认为诗人在每一个琐碎细节上都是把眼睛盯在这一座雕像或那一幅绘画上来进行写作，那对于诗人就未免是帮倒忙。不仅是对诗人，就是对读者也是在帮倒忙，因为这样一来，诗中最美的段落对于读者固然变得很清楚（如果上帝愿意如此的话），可是也就变得非常枯燥无味了。

一部英国名著的目的和错误正在于此。斯彭斯写了一部《泡里麦提斯》³，显出了古典学问的渊博以及对古代艺术流传下来的一些作品的亲切体会。他的目的在于用古代艺术作品去解释罗马诗人的作品，同时又用罗马诗人的作品来解决过去关于古代艺术作品的一些没有弄清楚的问题。这个目的他往往以巧妙的方式实现了。尽管如此，我还要说，他的这部书对于每一个有鉴赏力的读者都必然是一部简直不能容忍的坏书。

例如瓦莱里乌斯·弗拉库斯在描绘罗马护身盾上的展翅膀的电光时说：

> 罗马的战士啊，你并不是第一个人
> 让电光的红翼在护身盾上闪闪飞翔！⁴

对于我来说，如果我能从一座古代纪念坊上看见这样一面护身盾的图形，这里两行诗的描绘就自然会更清楚易懂些。再如古代兵器制造家们也很可能在护身盾和头盔上雕刻出战神悬在空中的图像，如同艾迪生相信自己曾在一个钱币上看出战神悬在瑞亚头顶上空那样[5]，尤维纳利斯在他的诗中所用的"悬空的"（pendentisque）一词也可能影射到这样一种盔或盾。在艾迪生以前，这个词对于注释家们一直是个谜语。我自己也想到一个例，在奥维德所写的困倦的刻法罗斯召唤凉风那一段诗里：

> 奥拉啊……来呀……
>
> 我最欢迎的，来到我的怀里，让我凉快呀！[6]

他的妻子普洛克里丝把这位"奥拉"当作她的情敌，我觉得这段诗会显得更自然些，如果我能在古代艺术作品中看出她确实是凉风的人格化，而且在"奥拉"的名称之下，是作为一种女风神而受到崇拜的。我也承认，尤维纳利斯在把一个显贵而无用的人叫作"赫耳墨斯石柱"[7]时，我们很难看出这个比喻中的类似点，除非知道这是一根很坏的石柱，上面只有神的头或至多只有神的躯干，看不见手脚，这样才能引起懒惰无所事事的概念。像这样的说明倒是不应遭到鄙视的，尽管它们不是在任何时候都是必然的或恰当的。诗人把眼前的艺术作品看作不是一种模仿，而是一种独立存在的东西，或是艺术家和诗人采用了同样的概念，因此在表现上也就必然显出一致性，从这种一致性上也就可以推测出概念上的共同性。

但是提布鲁斯[8]描绘他在梦中所见到的阿波罗说："最美的少年，两鬓缠着贞洁的月桂，金发放射出叙利亚香的芬芳，飘荡在他柔嫩的颈旁，周身皙白里间玫瑰红，就像新娘刚见到新郎时双颊上面的颜色那样。"像这些面貌特征为什么一定要从古代名画中去借用呢？厄喀翁的《含羞的新娘》也许就住在罗马[9]，也许曾被人成千成万次地临摹过。难道当时世间就已经没有新娘羞怯了吗？从画家见到这种羞怯之后，难道一位诗人除非从画家的模仿中就不能再见到它吗？再比如说，如果另一位诗人[10]提到疲倦的火神在火炉前面孔炙烤得通红火热，难道他一定要去从一位画家的作品里才能认识到劳动令人疲倦，炎热令人脸红吗？再说卢克莱修[11]描述了一年四季的变化，顺着自然次序——描述下去，以及它们在天上和地上所产生的效果，难道他是一种朝生暮死的蜉蝣，不曾活到一整年，亲身经历过这些变化，而还必须看到古代庙会中抬着走的四季神像，才能把四季的变化描述出来吗？难道他一定要先从这些神像学会古代诗艺的技巧，然后才能把四季之类抽象观念转化为实在的事物吗？再如维吉尔在所写的《厌恨桥梁的阿拉克斯河》那一幅关于河流泛滥冲毁桥梁的壮丽的诗画里，如果暗示出一件描绘河神真正冲毁桥梁的艺术作品，就会完全失去它的美吗？[12] 这类的说明把诗人的最清楚的章节都说成不是他的，仿佛都不是他的独创，以便把光荣让给某一位艺术家，我们要这种说明干什么呢？

我很惋惜，《泡里麦提斯》本来可以成为一部有用的书，由于这种缺乏鉴赏力的穿凿附会，把古代诗人的作品不归功于他们自己的想象力而归功于他们所接触到的另一个人的想象力，所以它不免令人反感，比起那些最枯燥的咬文嚼字的学者们的肤浅注释，对于古典作家还更有害。我特别感到遗憾的是：在这一点上斯彭斯竟有艾迪生做他的先驱，艾迪生想把自己对古代艺术作品的体会变成注释的工具，这种愿望本来可嘉，可惜他也分辨不出模仿艺术家的作品对于诗人在什么情况之下有利，在什么情况之下有害。[13]

注释

1. 见《埃涅阿斯纪》卷八，第 608 至 731 行。埃涅阿斯到了意大利，他的母亲女爱神维纳斯交给他一面盾牌，这面盾牌也是火神制造的，上面刻着的浮雕都是有关罗马历史的预言，所以内容和荷马所写的阿喀琉斯的盾不同。

2. 这两种模仿分别用一个中国的事例来说明较易明白，例如原始的《清明上河图》是根据现实生活画出来的，属于第一种模仿；许多《清明上河图》的摹本则是模仿旁人的模仿，属于第二种模仿。莱辛认为如果是维吉尔模仿了拉奥孔雕像群，那就只是用另一种模仿方式（用语言）去模仿雕像群中已有的人物情节，属于第二种模仿，只是抄袭，见不出独创性。

3. 约瑟夫·斯彭斯（Joseph Spence, 1699—1768），英国牛津大学的诗学教授，诗人蒲柏的好友。他的《泡里麦提斯》（*Polymetis*, 1747）的副标题是《关于罗马诗人作品与古代艺术家遗迹之间的一致性的研究，拿二者互相说明的一种尝试》，这部书用的是对话体。

4. 瓦莱里乌斯·弗拉库斯（Valerius Flaccus），公元 1 世纪罗马诗人，写过一部史诗《阿耳戈船上的乘客》（*Argonautica*）引文见此诗卷七，第 55 行。"电光的红翼"句指罗马兵士的护身盾上刻了雷神。自此以下几个例子都为着说明诗与画或雕刻可以互相说明，但是莱辛认为诗人和艺术家并不因此就必然是互相模仿，或是用同一方法处理同一题材的。

5. 约瑟夫·艾迪生（Joseph Addison, 1672—1719），英国散文家和文艺批评家，他写过一部对话《论古代钱币的用处，特别就涉及拉丁和希腊的诗人作品来看》，提出了诗与画从相同的原则出发的论点。斯彭斯的《泡里麦提斯》是在这部对话的感发之下写的。艾迪生在一枚钱币上看到战神悬在女地神瑞亚（Rhea）的头上的形象，就认为尤维纳利斯（Juvenal，生活于公元 1 世纪的罗马诗人）在他的《第十一首讽刺诗》里所用的 pendentisque（悬空的）一词的问题（过去注释家对这一词一直争论不休）可以得到解决，指的是兵士头盔上刻着战神悬于空中。莱辛在原注中反对此说，认为古代艺术从来不把物体描绘为悬空的。

6. 奥维德（Ovid），公元前 1 世纪罗马诗人。他在《变形记》卷七里描述了刻法罗斯（Cephalus）误射杀妻子的故事。刻法罗斯在林间打猎，天热，他在歌中召唤凉风（Aura，奥拉），他的妻子藏在林中偷听，以为"奥拉"是他另外爱上的女人，心怀妒忌，搅动了树林，发出了声响。刻法罗斯闻声发箭，把她射死，不知那是自己的妻子。

7. 尤维纳利斯在一首诗中讽刺以高贵门第为自豪、游手好闲的人，把他比作"赫耳墨斯石柱"。赫耳墨斯（Hermes）是希腊神话中的神使，相当于罗马神话的墨丘利（Mercury）；除主管交通外，还是疆界的维护者。"赫耳朵墨斯石柱"即界碑的古称。

8. 提布鲁斯（Tibullus），公元前 1 世纪罗马诗人，引文见于他的《挽歌》。斯彭斯在《泡里麦提斯》里认为这章诗受到希腊画家厄喀翁（Echion）的《含羞的新娘》一幅画的影响。

9. 指罗马现实生活中的女子。

10. 见斯塔提乌斯（Statius，公元 1 世纪罗马诗人）的《森林》（*Silvae*）。斯彭斯认为这段诗也与一幅古画有关。

11. 卢克莱修（Lucretius），公元 1 世纪罗马诗人和唯物主义思想家，著有一部哲理诗《自然事物》。斯彭斯认为他描写四季的诗受到古代四季神像的影响。

12. 见《埃涅阿斯纪》卷八，第 728 行。

13. 本章指出两种模仿方式：模仿另一种艺术的实际题材和模仿另一种艺术的风格，后者是抄袭而前者才是独创；批判斯彭斯穿凿附会地用古画去说明古诗，是由于不懂这两种模仿的分别以及诗与画的界限。

第八章

诗与画在塑造形象的方式上的分别

　　斯彭斯对于诗画互相类似的看法是最离奇的，他相信这两种艺术在古代结合得非常紧密，经常携手并行，诗人总是要向艺术家看齐，而艺术家也总是要向诗人看齐。斯彭斯不曾想到，诗是门范围较广的艺术，有一些美是由诗随呼随来的，而却不是画所能达到的；诗往往有很好的理由把非图画性的美看得比图画性的美更重要。所以每逢他在古代诗人和艺术家之间发现了顶细微的分歧时，他就陷入困境，想出一些最离奇的脱身术。

　　古代诗人写酒神，在大多数场合下头上都有角。斯彭斯说，很奇怪，这些角在酒神雕像上却很少见。他时而提出这个理由，时而又提出那个理由来解释，说这是由于考古学家们蒙昧无知，由于这些角本身很小，可能被酒神经常戴着的葡萄和常春藤叶的冠遮盖住了。他绕着真正的理由转来转去，却猜想不到真正的理由就在面前。酒神头上的角并非天生的角，像山神和林神们头上的角那样，而是额上的一种装饰，可以随意戴上，也可以随意脱掉：

当你不戴角站在那里时，

你的头面就像一位姑娘的。[1]

这是奥维德对酒神的庄严召唤。可见酒神也可以显示自己没有角，当他要现出少女的美丽时，他就不戴角。艺术家们宁愿描绘酒神具有少女美的样子，所以要避免凡是可以产生坏效果的附加品。角就会成为这种附加品，通常是系在冠上的，在柏林皇家陈列室里还可以看到这种冠上系角的头像。冠本身也是一种附加品，把美丽的额头遮盖住，所以在雕像中酒神不但很少戴角，也很少戴冠，尽管诗人经常写酒神戴冠，并且认为冠就是由酒神发明的。对于诗人来说，角和冠都可以微妙地影射酒神的事迹和性格；而对于艺术家来说，角和冠却可以妨碍酒神显示出更高的美。我认为酒神之所以获得"两重形象"的称号，[2]就是因为酒神既可以显得很美，也可以显得很凶恶可怕。如果是这样，艺术家们从这两种形象之中只挑选最符合他们那门艺术的使命的那一种，就是一件非常自然的事了。

　　智慧女神密涅瓦和天后朱诺在罗马诗人作品中往往迸射电光。斯彭斯追问：为什么她们在画像和雕像中不是这样呢？他自己的答案是：迸射电光是这两位女神的特权，其根由也许只能从萨莫色雷斯岛上的秘密宗教仪式中才可以发现到；而艺术家们是被古代罗马人看作平民的，所以很少被允许参加这种秘密仪式，因而对它们就一定毫无所知，他们既然不知道，也就不能描绘。我可以反问斯彭斯：这些平民进行创作，是独出心裁呢，还是按照懂得秘密仪式的显贵人士的吩咐？在古希腊人之间，艺术家们是否受到同样的轻视呢？罗马艺术家们不是大部分原籍希腊吗？还有许多其他这样的问题。

　　斯塔提乌斯和瓦莱里乌斯·弗拉库斯都描绘过在盛怒中的女爱神，形状非常凶恶可怕，令人一眼乍见时还以为她是复仇女神而不是女爱神。斯彭斯从古代艺术作品中到处寻找，找不到一位这样在盛怒中的女爱神。他从中得出什么结论呢？是不是诗人比起雕刻家和画家有更大的自由呢？这是他应该得到的结论，但是他一辈子死守一条基本原则：凡是在一幅画或一座雕像中表现出来会显得荒谬的东西，在诗的描绘中也就不会好。因此，上述两位诗人就一定犯了错误。"斯塔提乌斯和瓦莱里乌斯生在罗马诗已在衰颓的时代。在这种诗里，他们暴露出他们的腐化的趣味和低劣的判断力。在较昌盛的时代，诗人们就决不至于这样破坏绘画表现的规则。"[3]

说出这样的话来，就足以见出他的辨别力很差。我不想就这一事例来替斯塔提乌斯作辩护，只想提出一个一般性的看法。艺术家所描绘的神和精灵并不完全就是诗人所要用的神和精灵。对于艺术家来说，神和精灵都是些人格化的抽象品，必须经常保持这样性格特点，才能使人认出他们。对于诗人来说，神和精灵却是些实在的发出行动的东西，在具有他们的一般性格之外，还各有一些其他特性和情感，可以按照具体情境而显得比一般性格还更突出。对于雕刻家来说，女爱神维纳斯就只代表"爱"，所以他就须使她具有全部贞静羞怯的美和娴雅动人的魔力，这就是所爱对象使我们心醉神迷的一些品质，也就是我们纳入"爱"这个抽象概念里去的一些品质。如果艺术家对这个理想有丝毫的改动，我们就认不出他所描绘的是"爱"的形象。结合到庄严而不是结合到羞怯的那种美就会使人认出不是女爱神维纳斯而是天后朱诺。威风凛凛的丈夫气多于娴雅风姿的那种动人的魔力所显出的就是一位密涅瓦（智慧神）而不是一位维纳斯。一位发怒的女神，一种由复仇愿望和愤恨情绪所驱遣的维纳斯，对于艺术家来说，就是一个真正的自相矛盾的名词，因为爱单就它本身来看，是既不发怒，也不图报复的。对于诗人来说却不如此，维纳斯固然代表爱，却还不只是爱，在爱这个性格以外，她还有自己的个性，因而她能爱慕也能怨恨。难怪她在诗人的作品里往往怒火大发，特别是点燃这怒火的正是受到损害的爱情。

在群像里，艺术家固然和诗人一样，也可以把女爱神或其他神描写得在具有一般的性格之外，还显得是一个实在的发出行动的人物，但是在这种情况之下，她的行动至少也不应违反她的性格，尽管行动不是直接从性格发生出来的。例如女爱神把她的神圣武器[4]授给她的儿子，这个行动可以由诗人来描绘，也可以由艺术家来描绘。这里没有什么东西妨碍艺术家去尽量写出女爱神所特有的那种娴雅与美丽，也许在他的作品里女爱神还会因此更易被人认出来。但是女爱神在要向凌辱她的楞诺斯岛人报仇时，[5]披头散发，怒气冲天，身上披着黑袍，手里提着火炬，像狂风暴雨似的驾着乌云冲下来，这就不是艺术家所应采用的那一顷刻，因为在这一顷刻里他无法使人认出她是爱神。这一顷刻对于诗人却很合适，因为诗人有一种特权，可以把这位发怒的女爱神和另一位女爱神，即具有女爱神本色的女爱神，很紧密地结合在一起，使人在复仇女神的形象中仍然认得出女爱神。弗拉库斯就做到了这一点：

> 于是她就显得失去了和善的容颜，
>
> 不再用纯金缠发，让发在胸膛上飘荡，
>
> 在盛怒之下她变得凶恶疯狂，
>
> 双腮冒火，提着熊熊的松枝火炬，
>
> 披着黑袍，活像冥河畔的女冤魂。[6]

斯塔提乌斯也做到了这一点：

> 抛开古老的帕福斯[7]和它的一百座祭坛，
>
> 她披头散发，改变了容颜，解开了腰带，
>
> 远离了伊达山峰[8]上的蔚蓝天，
>
> 人们传说，那是漆黑的深夜，

挥舞着另样的火焰和更巨大的弓箭，[9]

那位女神带着复仇女神们绕着婚床飞驰，

在深闺密室里遣散层层盘绕的毒蛇，

让一切入睡的人都心惊胆战。[10]

我们可以说，只有诗人才有一种艺术技巧，去描绘反面的特点，并且把反面的和正面的特点结合起来，使二者融成一体。她不再是娴雅的女爱神，不再用金纽扣缠发，身上不再飘荡着天蓝色的长裙，没有系腰带，而是用另样的火焰和更大的弓箭武装着自己，还有和她一样的复仇女神们陪伴着她。难道因为艺术家不得不放弃这种艺术技巧，诗人也就不应该运用它吗？如果绘画一定要和诗艺做姊妹，她就不应该做一个妒忌的姊妹，妹妹自己不能用的一切装饰，她不能禁止姐姐也一概不用。[11]

注释

1. 见奥维德《变形记》卷四，第 19 行。

2. 酒神巴克斯（Bacchus）在古代就已有 Biformis（两重形象）的绰号，即既可丑，也可美。

3. 见《泡里麦提斯》第二十篇对话。

4. 指护身盾，参看 57 页注 1。

5. 据希腊神话，楞诺斯（爱琴海中最大的岛）妇女不敬祀女爱神，女爱神就让她们遭了一次
大瘟疫，以致她们的丈夫都和外来的女俘虏结了婚，后来她们为着报复，把丈夫全都杀光。

6. 见《阿耳戈船上的乘客》卷二，第 102 行。参看 57 页注 4。

7. 帕福斯（Paphos），希腊地名，奉祀女爱神的地方。

8. 伊达（Ida）山是女爱神的住所。

9. 不是女爱神原有的火焰和弓箭。

10. 见斯塔提乌斯的《忒拜歌》。参看 58 页注 10。

11. 本章继续批判斯彭斯的诗画一致说，就造型艺术不让酒神戴角以及不表现女爱神的盛怒等
事例，论证诗比画有更大的范围，可表现个性特征，也可表现丑的和反面的东西，画则宜于
写一般的、美的和正面的东西。参看附录中《古人如何表现死神》的摘译。

第九章

自由创作的雕刻与定为
宗教用途的雕刻之间的区别

在就个别事例对画家和诗人进行比较时，我们首先要认识得很清楚，他们双方进行工作，是否都有充分的自由，是否不受任何外在压力，以达到他们各自部门的艺术的最高效果为目的。

对于古代艺术家来说，宗教往往就是这种外在压力。他的作品既然是规定要为虔敬和崇拜服务的，就不能总是像他专以娱乐观众为目的时所做到的那样完美。迷信拿许多寓意符号（象征）的重载压到神们身上，其中最美的符号并不总是因为它们最美而受到崇拜。

在楞诺斯岛的酒神庙里——孝顺的许普西皮勒就从这座庙里把她的乔扮酒神的父亲救出来 [1]——酒神是戴着角站在那里的，毫无疑问，酒神在所有奉祀他的庙里，也都戴着角，因为角是显示酒神本质的符号。只有自由的艺术家创作酒神像，不是为着要摆在庙里，才把角这个符号抛开。如果我们所见到的现存的酒神像都没有角，这也许足以证明它们不属于宗教崇拜用的那一种。此外还有一个很大的可能，属于宗教崇拜用的一种正是早期基督教中虔敬的偶像破坏者所憎恨的主要对象，他们偶尔放过不破坏的艺术品都是没有为偶像崇拜所玷污的。

既然发掘出来的古代文物之中这两类作品都发现过，我希望把"艺术作品"这个名称只限用于艺术家在其中是作为艺术家而创作，并且以美为唯一目的的那一类作品。此外一切带有明显的宗教祭典痕迹的作品都不配称为"艺术作品"，因为艺术在这里不是为它自己创作出来的，而只是宗教的一种工具，它对自己所创造的感性形象更看重的是它所指的意义而不是美；尽管这样说，我并不是要否认，这种艺术有时也要把意义体现在美里，或是由于考虑到当时的艺术情况和较高明的审美趣味，它对前者（宗教意义）不大注意，因而只有后者（美）才显得站在统治的地位。

如果我们不指出这种差别，鉴赏家和考古学家就会经常由于不能互相了解而互相冲突。这就是说，鉴赏家根据自己对艺术使命的见识，坚持这一件或那一件作品并不是古代艺术家所创作的，不是作为艺术家而自由地创作出来的；而考古学家却认为使艺术家创造出作品的并不是宗教或是艺术领域以外的任何其他原因——艺术家在这里是作为手艺人来理解的。他相信任何一件信手拈来的雕像都可以作为反驳鉴赏家的例证，而鉴赏家却毫无顾忌地把这件雕像抛回到它本来所在的垃圾堆里去，使得博学的考古学家们大惊小怪。[2]

但是另一方面，宗教对艺术的影响也可以被人过分夸大。斯彭斯就是一个稀奇的例证。他从奥维德的诗篇里发现女灶神在她的庙里，并不以她亲身的形象而受到崇拜，这对于他好像就能构成一个充足的理由来作出结论，说女灶神的像根本就不曾存在过，凡是被看作女灶神像的实际上都并不代表女灶神而代表她的女信士。[3]这真是一个离奇的推论！诗人们曾替女灶神描绘出一个明确的身份，她是农神和女地神的女儿，有一次险些儿遭到生殖神普里阿波斯的侮辱，此外诗人们还说了许多关于她的事；难道只因为女灶神在某一个别的庙里以火的符号而受崇拜，艺术家就被剥夺了权利，不能用他那门艺术的方式来把她的明确的身份表现出来吗？斯彭斯还犯了一个错误，把奥维德仅就罗马一座个别的女灶神庙来说的话，推广到一切女灶神庙和她的祭典，普遍一律，毫无例外。其实女灶神并不是在一切庙里都像在罗马这座庙里所用的那个方式受到崇拜；就连在意大利，在弩玛⁴建国以前，崇拜女灶神的方式也不一样。弩玛不愿意让人用人或动物的形象去表现神，毫无疑问，他对女灶神祭典所进行的改革就在于禁止用人身形象来表现她。奥维德自己就说过，在弩玛以前，女灶神庙里确实有过雕像，这些雕像表现出因为看到自己的女司祭西尔维亚⁵成了母亲，感到羞惭，用自己的处女的手蒙起眼睛来。在罗马以外各省里，女灶神庙并没有完全遵照弩玛的规定行事，这似乎已为一些古代铭刻所证实，其中提到一个"女灶神的司祭"。在柯林斯也有一座女灶神庙，其中没有女灶神的雕像，只有一个献牺牲的祭坛。但是这是否足以证明希腊人就没有女灶神的雕像呢？在雅典的议院里就有一座女灶神像，站在和平神像旁边。亚索斯的居民也夸口说他们有一座女灶神雕像，立在城里，是露天的，却从来没有雨雪落到雕像上面。老普林尼还提到一个出于斯科帕斯⁶之手的女灶神坐像，在当时是放在罗马赛尔维林花园里的。纵使承认我们现在已很难辨别出女灶神自己和她的女信士，这是否就足以证明古代人也不能辨别或是不想辨别呢？有一些特点显然只属于女灶神而不属于她的女信士，只有在女灶神手里才可以有笏、火炬和雅典娜神像。至于柯第弩斯⁷说女灶神还持手鼓，也许她持手鼓时是以地神的身份出现的；否则柯第弩斯对他所看到的东西就没有认识清楚。⁸

注释

1. 许普西皮勒（Hypsipyle）是楞诺斯国王托阿斯（Thoas）的女儿，当岛上妇女们受女爱神的怂恿，要把男人们全杀光时（参看 64 页注 5），她把她父亲乔装打扮成酒神带出国境，因而脱险。弗拉库斯在《阿耳戈船上的乘客》卷二第 265 至 273 行里曾叙述此事，并明确地说国王扮酒神时头上戴着角。

2. 莱辛所要说明的是，艺术鉴赏家和考古学家所用的标准不同，艺术鉴赏家的标准是美，因而否定服务于宗教的作品，而考古学家的标准是表现，因而否定艺术的宗教根源。

3. 见《泡里麦提斯》第七篇对话。女灶神（Vesta）是罗马每个家庭都供奉的女神，往往用火来象征。按照罗马的习俗，只有女灶神庙里才有燃烧不断的火种。女灶神的性格特征是贞洁，她的女信士必须是处女。

4. 弩玛（Numa），传说中的罗马第二代国王。

5. 西尔维亚（Sylvia），传说是罗马的开国祖先罗慕路斯（Romulus）的母亲。她本是女灶神的司祭，照章不能结婚，但是她和战神结了婚，就生了罗马的第一代国王。见奥维德的《法斯提》（*Fasti*）卷三，第 45 至 46 行。

6. 斯科帕斯（Scopas），公元前 4 世纪希腊雕刻家。

7. 柯第弩斯（Codinus），15 世纪希腊学者，写过君士坦丁的历史。据他说，地神也叫作 Vesta（女灶神名），常用一妇人持手鼓来象征。

8. 本章提出用于宗教的艺术不以美为目的，因而不能算是艺术的看法；后半章作者因宗教雕刻而讨论到关于女灶神雕像的一些枝节问题。

第十章

标志[1]的运用，在诗人手里
和在艺术家手里不同

我还注意到斯彭斯的一个奇怪的论调，很清楚地说明了他对诗与画的界限考虑得很少。他说："说来很奇怪，诗人们一般对文艺女神们的描绘是极稀少的，稀少的程度是出人意料的，因为诗人们和文艺女神本来有特别深的关系。"[2]

这不就是认为诗人们说到文艺女神时不用画家所用的那种无声的语言，是一件奇怪的事吗？乌拉尼亚[3]对于诗人们是天文学的女神，从她的名字和她的所作所为，我们就可以认识她的职责。艺术家为着把她的职责很清楚地表现出来，就得使她用一根棍子指着天文仪；这根棍子、这个天文仪和她的这种姿势就是艺术家的字母，用来拼出乌拉尼亚的名字。但是诗人想要说"乌拉尼亚老早就已根据星宿预言到他的死"[4]这么一句话时，他为什么一定要向画家表示尊敬，添上一句"乌拉尼亚，手里拿着一根棍子，面对着天文仪"呢？这岂不是就像一个人本来能够而且应该把话说得响响亮亮的，却还要运用土耳其后宫里哑巴太监们因为不能说话而造出来的那种符号吗？[5]

069

斯彭斯还在另一个问题上发表过一个奇怪的论调，那就是关于道德方面的神，即古代人认为掌管道德品质和人类生活行为的那些神。他说："值得指出的是罗马诗人关于最好的道德方面的神所说的话少得出人意料。艺术家们在这方面却远较丰富，谁要想知道这类神中每一位的容貌衣着，只要去请教一下罗马皇帝们的钱币就行了。诗人们固然也时常把这类神作为人物来提，但是一般很少谈到他们的标志、服装以及外表方面的其他事项。"6

诗人就抽象概念加以人格化时，通过他们的名字和所作所为，就足以显出他们的特征。艺术家却没有这种手段可利用，所以就得替人格化的抽象概念找出一些象征符号，使它们成为可以辨认的。这些象征符号并不是所象征的东西，意义也不同，所以就变成一些寓意的形象。

在艺术里，一个女人手持一条缰绳，另一个女人靠着一根柱子，她们都是寓意性的人物。但是在诗人手里，"节制者"和"坚定者"并不是寓意性的人物而只是人格化的抽象概念。

在艺术家手里，这些寓意人物的象征符号是根据需要来发明的。除此以外，他就没有其他办法使人了解这一个或那一个形象所指的究竟是什么。至于诗人，他为什么要把艺术家迫于需要所采取的办法强加给自己呢？

斯彭斯所认为奇怪的事，对于诗人们来说，却值得规定成为一条规律。诗人们不应该把绘画的贫乏看成它的财富。他们不应该把艺术为着要赶上诗而发明的手段看作一种值得羡慕的完善（或优点）。艺术家在用象征符号来装饰一个形体时，他就是把它从一个单纯的形体提高到一种较高尚的人物。但是诗人在利用这种画艺中的装饰时，他就是把一个较高尚的人物变成一个傀儡。

这条规律通过古代诗人的遵循而得到证实，而对这条规律的蓄意破坏则是近代诗人最欢喜犯的错误。近代诗人的想象人物都戴着假面具行走，凡是对这种假面具把戏懂得最多的人，对作品中主要的东西也就懂得最少。所谓主要的东西是指让人物行动起来，通过行动来显出人物的性格特征。

不过在艺术家们用来显示抽象概念的那些象征符号之中，倒也有一种是可以而且也值得用在诗里的。我指的是不应看作寓意而应看作工具的那一种符号，这些工具由诗人联系到某种人物时，是那些人物在实际生活中所必须用的。"节制者"手里的缰绳和"坚定者"所倚的柱子都只是寓意性的，所以对诗人就没有用处。"公正者"[7]手里的天秤就不只是寓意性的，因为天秤的正确运用其实就是公正者的一个组成部分。但是文艺女神手里的竖琴或笛，战神手里的矛以及火神手里的铁锤和火钳就完全不是象征符号而是单纯的工具，没有这些工具，这些人物就不能做出我们认为他们做过的那些事业。古代诗人有时放进他的诗句中去的那些标志，都属于这一种；因此，我想把这一种标志称为"诗的标志"，以别于另一种，即寓意性的标志。诗的标志代表事物本身，而寓意性的标志则只代表某种类似这事物的事物。[8]

注释

1. "标志"原文是 attribute，本义是"属性"，但是莱辛和斯彭斯所指的都是认识一个人物所根据的面貌、性格和职业等方面的特征，往往是带有象征意味的具体的东西。

2. 见《泡里麦提斯》第七篇对话。

3. 乌拉尼亚（Urania），九个文艺女神之一，司天文。

4. 见斯塔提乌斯的《忒拜歌》卷八，第 551 行。

5. 为着防止泄漏宫廷秘密，太监们都被弄成哑巴，只能用手势表达意思。

6. 见《泡里麦提斯》第十篇对话。

7. 原义为"公正""正义""公道"。

8. 本章论证造型艺术由于不用语言，须用一些符号标志，使人可以认出所描绘的对象究竟是什么；诗用语言，就用不着这些"哑巴符号"，直接把对象的名称说出就行了；但诗也有"诗的标志"，它是反映实际生活而不是寓意性的。从第七章到第十章，作者都在通过批判斯彭斯而提出他自己的观点：诗与画应有区别。

第十一章

诗与画在构思与表达上的差别

克路斯伯爵好像要求诗人也用寓意性的标志来装饰他所想象出来的人物。[1] 这位伯爵对诗的理解赶不上他对绘画的理解。

不过在他提出这个要求的著作里，我找到了机会来研究一个比这一点还更重要的问题，我现在把这问题中最本质的方面指出来，以便更好地考虑一下。

按照克路斯伯爵的看法，艺术家应该仔细钻研荷马那位最伟大的擅长描绘的诗人，因为他就是第二自然。克路斯向诗人指出，希腊人所处理的那些故事提供多么丰富的材料，还不曾为人所利用，但是如果利用起来，可以作出最好的图画。他还认为艺术家愈能丝毫不差地遵照诗人所写的情境，在表达上也就愈能达到完美。

在这种主张里，我们在上文所区分开来的那两种模仿方式也被混淆起来了。（依这种主张），画家不仅要模仿诗人所已经模仿过的事物，而且还要模仿诗人所用过的细节；他要把诗人不仅作为一个故事叙述者，而且作为一个诗人来利用。[2]

但是这第二种模仿方式对于诗人既然是降低身份的，对于艺术家为什么就不降低身份呢？假如克路斯伯爵在荷马史诗里所指出的那一系列的图画在荷马以前原已存在，假如我们知道荷马是用这些古画作为他的史诗的基础，试问我们对他的崇敬不会因此就消失去很多吗？但是就画家来说，纵使他只不过是把诗人的文字表现为形体和颜色，我们却不因此就不尊敬他，这又是什么缘故呢？

理由似乎是这样：对于艺术家来说，我们仿佛觉得表达要比构思难；对于诗人来说，情况却正相反，我们仿佛觉得表达要比构思容易。假如维吉尔是从雕像群借来蛇把父子三人缠在一起那个情节，那么，在他的描绘中我们所认为更难能可贵的那一面的价值就会消失，而剩下来的就只有价值较小的那一面了[3]。因为通过想象力把这段缠绕情节构思出来，比起用文字把它表达出来，要难得多。反之，假如是艺术家从诗人那里借来这段缠绕情节，他仍然使我们感觉到他的价值，尽管不能把构思方面的价值记在他的账上。因为用石头来表达，比起用文字来表达要难得多；我们如果衡量一下构思与表达的轻重，我们总会有一种倾向：愈认为艺术家在表达方面成就很大，我们也就会愈降低对他在构思方面的要求。

也有一些事例，其中艺术家通过诗人模仿品的中介去模仿自然，比起不用这种中介，还能显出更大的优点。一个画家如果根据汤姆逊[4]的描绘作出一幅美的风景画来，他比起直接临摹自然的画家在成就上就还更大。后者看到他的蓝本自然就摆在面前，而前者却须用想象力把那蓝本想象为仿佛就在面前。后者凭生动的感官印象去创造出一件美的作品出来，而前者却凭一些人为的符号所产生的朦胧的苍白的表象。[5]

正如我们自然而然地甘愿对艺术家放松构思方面的要求，艺术家自己也自然而然地不大关心这方面的要求。因为他明白，构思不是他的长处所在，他的最大的荣誉要靠表达，所以题材是新是旧，用过一回还是用过无数回，是他自己想出来的还是从旁人借来的，对他都无关宏旨。他停留在一个为数不多的题材的窄狭的圈子里，只要那些题材对他自己和对他的观众都是熟悉的就行，而把全部构思活动都集中在对熟悉的材料进行剪裁上面，即旧题材的新配合上面。实际上一般绘画教科书在用"构思"这个词时，所指的也正是这个意义。尽管这些教科书把"构思"分为"绘画的"和"诗的"两种，所谓"诗的构思"并不涉及题材本身的创造，而只涉及安排和表达。这还是构思，但是所构思出的不是全体而是个别部分以及它们的次第安排。这还是构思，但是属于较低级的一种，像贺拉斯向悲剧诗人所推荐的：

> ……而你呢，
> 最好把特洛伊的诗篇改编成戏剧，
> 倒胜似初次用没有人知道和用过的题材。[6]

我说的是"推荐"，不是"命令"。推荐，因为这种方法对于他是比较容易，比较适合，比较有利的；但不是命令，不是说这种方法本身就更好，更高明。

事实上诗人如果运用熟悉的故事和熟悉的人物，就是抢先走了一大步。这样，他就可以放过许多枯燥的细节，而在不是用熟悉的故事和人物时，这些细节对于全体的了解就是不能放过的，诗人能愈快地使听众了解，也就能愈快地引起听众的兴趣。画家也可以有这种便利，只要他的题材对于我们不是陌生的，只要我们一眼认出他的全幅布局的意图和意义，只要我们不仅立刻看到他的人物在说话，而且还立刻听到他们在说什么。最大的效果都要靠第一眼的印象；如果第一眼看到之后，还必须进行麻烦的思考和揣测，我们想受到感动的期望就要冷下去了；为着对这位难懂的艺术家进行报复，我们就要硬起心肠来反对他的表达方式；如果他为着表达而牺牲了美，那么，他就活该倒霉！我们在他的作品里找不到什么引人入胜的东西，就不再在那上面流连玩索了；我们所看到的不能使我们愉快；我们也就不知道究竟应该对它怎样想了。

现在把这两点合在一起来看：第一，我们向画家所要求的远不是对题材的构思和题材的新奇；其次，熟悉的题材有助于促进绘画艺术的效果。艺术家为什么要少用新题材，我认为不能像克路斯伯爵那样把它归之于艺术家的方便或无知，以及艺术家须费全部精力和时间去解决技巧方面的困难那些理由，而是要找到它的更深的根源。凡是乍看起来像是限制艺术和削弱快感的东西，也许毕竟还是一种明智的而且对我们有益的节制，艺术家显出这种节制是应该受到赞扬的。我也不怕经验会否定我的看法。画家们会感谢克路斯伯爵的好意，但是很难普遍地采用他的意见，如他自己所期望的。纵使他们采用，再过一百年之后，还会需要另一位克路斯，再度号召人们回想过去的老题材，把艺术家们带回到过去艺术家们曾赢得不朽桂冠的那个领域。或者换一个说法，人们是否要求一般观众都能像捧着书本的鉴赏家那样渊博，对凡是可以用来作好画题材的故事和传说中每一场面都了如指掌呢？我承认，自从拉斐尔以来，画家所请教的课本如果是荷马而不是奥维德，他们就准会有更大的成就。[7] 但是实际情况并不如此，就要请艺术家们让观众守着他们熟悉的老路，不要让观众遭到过分的困难，才能得到娱乐，免得使娱乐成为苦事。

普罗托格涅斯[8] 曾替亚里士多德的母亲画过像。我不知道这位哲学家给了他多少报酬。但是作为报酬，或是在报酬之外，他给了画家一个忠告，比报酬还更有价值。我不能设想他的忠告只是一句奉承话。我想他主要是因为考虑到艺术要求人人都能了解，才劝画家去画亚历山大大帝的事迹；因为这些事迹在当时是全世界人都在谈论的，而且他还预见到，在未来的世界里也会是令人不能忘记的。可惜普罗托格涅斯不够认真，没有采纳这个忠告。老普林尼曾谈到他具有"心灵的强烈冲动，要求艺术精美的热情"，一种艺术上的放肆和一种追求新奇的渴望迫使他走向完全另样的题材。他宁愿画一位雅里苏斯或库第普的事迹[9]，这些事迹究竟表现什么，现在我们已经无从揣测了。[10]

注释

1. 克路斯伯爵（Count Caylus，1692—1765），法国文艺批评家，著有《从荷马的〈伊利亚特〉和〈奥德赛〉以及维吉尔的〈埃涅阿斯纪〉中所找出的一些画面，附载对于服装的一般观察》（1757），他的企图是从古诗中找绘画的题材。

　　作者原注：“阿波罗把萨耳珀冬（Sarpedon，在特洛伊战争中被希腊将领帕特洛克罗斯杀死）的洗净涂油的尸体交给死神和睡神送到他的祖国去：‘他把他托付睡神和死神两位孪生兄弟，叫赶快运走。’（《伊利亚特》卷十六，第681至682行）克路斯把这个意思推荐给画家去画，但是补充了一段话：‘可惜荷马没有把当时人认为睡神应有的那些标志告诉我们；除掉他的动作（睡）以外，我们不知道怎样描绘出睡神的性格特征，我们就让他戴罂粟花冠。动作（睡）和罂粟花这些观念都是近代的，前者用处不大，而在目前这个事例里根本不能用，我看连罂粟花也像用非其所，特别是对于和死亡摆在一起的一个形体。’（《从〈伊利亚特〉和〈奥德赛〉里找出的画面》）这就要求荷马用些和他的宏伟风格最不相容的小雕饰。荷马描绘睡神，只用他和死神是孪生兄弟这一点特色，如果他拿最巧妙的标志给睡神，也不会把他的性格特征描绘得那么完善，也不会使我们对他有那么生动的印象。如果艺术家把他和死神是孪生兄弟这一点表达出，他就用不着一切其他标志了。实际上古代艺术家们描绘死神和睡神，都用人们期待于孪生兄弟的那种类似点。在厄理斯的天后庙里有一个杉木橱，上面雕着睡神和死神，他们是两个男孩，睡在夜神的怀抱里。他们之中一个是白的，一个是黑的；一个已睡着，一个像正在要睡，他们都是两腿交叉着的，我宁愿用‘交叉着的’译老普林尼所用的词，而不用‘弯曲的’，或是用格多汪（Gédoyn）的译词‘畸形的腿’。如果是‘弯曲的腿’，它表达出什么意思呢？但是两腿交叉地躺着，却是睡眠者的通常的姿势，而这恰恰是玛菲所描绘的睡神的姿势。近代艺术家们却把古人所用的睡神与死神的类似点完全抛弃了，而一般惯用的方法是把死神描绘为骷髅，至多是骷髅包着一层皮。所以克路斯首先应该指示艺术家的是，在描绘死神时应该仿效的是古代人还是近代人所惯用的方法。他好像赞成近代的方法，因为他说死神的形象和另一个戴花冠的形象摆在一起就不相宜。但是他是否想到近代人关于死神的观念和一幅荷马的描绘的画面极不相宜呢？他就感觉不到近代死神观念令人恶心吗？佛罗伦萨公爵画廊里有一个很小的金属雕像，描绘一个躺在地上的骷髅，一只胳膊搁在一个骨灰罐上（见斯彭斯的《泡里麦提斯》对话中第41幅插图），我不相信这是一件真的古代作品。至少它不会是表现死神，因为古代人不这样表现死神，就连古代诗人们也不曾把死神表现成为这样令人起反感的形象。”

莱辛认为古代艺术不把死神表现为骷髅的观点遭到了克洛茨（见 166 页注 3）的批驳。为了反驳克洛茨，莱辛在 1769 年写了《古人如何表现死神》一篇著名的论文，其中又谈到诗和画的区别问题。参看附录二。

2. 作为一个故事叙述者，诗人可以用现成的材料；作为一个诗人，他对细节及其安排却须见出创造性。参看第七章论模仿与抄袭的区别，亦即两种模仿方式的区别。

3. 对诗人来说，更难能可贵的一面是构思，价值较小的一面是表达；对画家来说，情形却正相反。

4. 詹姆斯汤姆逊（James Thomson，1700—1748），英国描写自然风景的诗人，以《四季诗》著名。

5. 根据诗所描绘的自然去作画，比起根据自然本身去作画，要用更多的构思，所以较难。"人为的符号"指诗所用的语言，语言只间接唤起意象，不能直接描绘感性形象，像造型艺术那样。莱辛在遗稿里详细说明了人为的与自然的两种符号的分别，见附录一。

6. 见贺拉斯的《给庇梭斯的书简》（即《诗艺》），第 128 至 130 行。

7. 荷马的故事比奥维德的故事更为人所熟知，而过去西方画家取材于奥维德的反而更多。

8. 参看 4 页注 2。

9. 雅里苏斯（Jalysus）和库第普（Kydippe）都是罗德岛的英雄，对罗德岛人来说，他们还是人所熟知的。

10. 从第十一章到第十五章，莱辛就克路斯的诗画一致的观点进行了批判。本章论证在诗里构思比表达较难，在造型艺术里表达比构思较难；因此，造型艺术家宁愿选择人所熟知的旧题材。

第十二章

画家怎样处理可以眼见的
和不可以眼见的人物和动作？

荷马所处理的是两种人物和动作：一种是可以眼见的，另一种是不可以眼见的。[1] 这种区别是绘画无法显出的：在绘画里一切都是可以眼见的，而且都是以同一方式成为可以眼见的。[2]

克路斯伯爵主张要把写不可以眼见的动作的画图和写可以眼见的动作的画图连成一个不可分割的画组，但是在可以眼见的和不可以眼见的两种人物都参加的那种混合动作的图画中，他没有说明，也许无法说明，怎样把那些不可以眼见的人物放在画中，才能使我们看画的人看到他们，而画中那些可以眼见的人物却看不见他们，或是至少显得不一定会看见他们；这样，这整个画组，以及其中许多零幅，就必然变成极端混乱的，不可理解的，而且互相矛盾的。

如果手里捧着原书，这个缺点也许终于可以克服。但是最坏的缺点还在于画取消了可以眼见的和不可以眼见的这两种人物的区别，它也就使得后一种较高的人物之所以高出于前一种较低的人物的那些特征都消失掉了。

举例来说，当在特洛伊人的命运问题上分成两派的神终于自己互相殴打的时候，在诗人的作品中这场战争全是不可以眼见的³，这就允许读者用想象去扩大那个场面，让想象可以自由活动，可以随意设想神的身材和动作都比凡人的大得多，高得多。但是绘画却要采用一个可以眼见的场面，其中各个必要的部分的尺寸大小对于在这场面上动作的人物的尺寸大小就成为一种标准⁴，这个标准就悬在观众眼前，如果神这一类较高人物的尺寸大小和这个标准不相称，那就使得他们在画家的画幅上简直画成一些怪物，因为诗人曾经把他们描写为很巨大的。

在这场战争中战神首先进攻密涅瓦（智慧女神和女战神）。密涅瓦向后一闪身，用她强壮的手从地上捡起一块又粗又大的黑石头，这块石头，原来在古时候是由许多男子汉用手推滚到这里立为界石的。⁵原诗是这样说的：

> 于是她向后一闪身，用粗壮的右手
>
> 从田野里拾起一块黝黑而嶙峋的大石头，
>
> 这是古代人所竖立的田地界石。⁶

要充分估计这块石头有多么大，我们就应该回忆起荷马虽然把他的英雄们描写成为比他那时代最强壮的人还要强壮一倍，但是他说就连这些英雄们也还远远抵不上涅斯托耳⁷在他年轻时代所认识的人们那么强壮。我就要问：如果密涅瓦所捡起的那块石头不是由某一个人而是由涅斯托耳年轻时代许多人立为界石的，如果她抛这样一块石头去打战神，这位女神自己的身材究竟有多么大？如果她的身材和那块石头大小相称，那就没有什么神奇了。一个人如果比我大三倍，他就当然能抛三倍大的石头。如果这位女神的身材和那块石头大小不相称，画里就会现出一件显然不近情理的事，所引起的反感就不因为冷静地思量到女神本应有超人的膂力而就可以消除的。哪里我看到一个较巨大的效果，哪里我也就指望看到一个较巨大的工具。

至于战神，他被这块大石头打倒下去了，盖住了七户人家需用的田地[8]。画家是不可能把他的这样巨大身材画出来的。如果他不画出来，躺在地上的就不是战神，不是荷马所写的战神，而只是一个普通的战士了。

朗吉弩斯谈到过，他往往觉得荷马想把他所写的人提高到神，把他所写的神降低到人。[9]绘画就是把神降低到人，在画里凡是诗人使神超出像神的凡人之上的东西都完全消失了。荷马分配给神们的身材巨大、膂力坚强和行动敏捷，在程度上都远远超过他分配给最杰出的英雄们的，而在绘画中这一切都要降低到凡人的尺度，朱庇特和阿伽门农、阿波罗和阿喀琉斯、玛斯和埃阿斯都变成一类人物，只有借一些约定俗成的外表标志才能把他们辨认出来。

绘画要使我们了解构图中某某人物应该看作是不可以眼见的时候，它所用的办法就是画一层薄云把那个人物遮盖住，使和他在一起行动的那些人物看不见他。这种云像是从荷马那里借来的。因为在战斗厮杀的喧嚷中，当一个较重要的英雄陷入险境，只有神力才能挽救他的时候，荷马就让一位护神用浓雾或黑夜把他遮盖起，然后把他从那里摄走。女爱神救帕里斯，海神救伊代俄斯，阿波罗救赫克托耳，都是用这个办法。[10]克路斯伯爵在为画家们就这类事件拟画稿时，念念不忘向他们推荐这种云雾。在诗里雾和夜的遮盖不过是一种诗的表达方式，用来使事物成为不可以眼见的，谁不知道呢？因此，往往看到这种诗的表达方式居然用在画里，真正画一朵云出来了，英雄藏在云背后，就像藏在屏风背后一样，让敌人看不见他，我就不免感到离奇。这并不是诗人的原意。这是越出绘画的界限；因为在这里云是一种真正的象形文字，一种单纯的象征符号，它并不是要把遇救的英雄变成不可以眼见的，而是要向观众打个招呼说，"你们应当把他想象成为不可以眼见的"。它在这里的作用不过就像哥特风格[11]的古画中从人物口中吐出的那种报名的标签一样。

当阿波罗把赫克托耳摄走的时候，荷马固然让阿喀琉斯还用矛头刺那片浓雾三下。[12] 但是在诗人的语言里，这也不过是说，阿喀琉斯非常愤怒，以至还用矛头刺了三下，才发现敌人已不在面前了。阿喀琉斯并不曾真正看到雾，神用来使事物变成不可以眼见的全套伎俩并不在云雾而在迅速地把他们摄走。只是因为同时要显出人眼看不出那个被摄走的身体，诗人才先用云雾把它遮盖起来；并不是人们看不见摄走的身体而只见到一片云雾，而是我们要把藏在云雾里的东西设想为不可以眼见的。因此，荷马有时把这种情况翻转过来，不是使对象成为不可以眼见的，而是使主体变成瞎子。例如海神要把埃涅阿斯从阿喀琉斯的致命的毒手中救出来时，他就让阿喀琉斯的眼睛昏花起来，于是在一瞬之间把埃涅阿斯从战场喧嚷中摄走到后方。[13] 事实上阿喀琉斯的眼睛并不曾昏花，正如前例中被摄走的英雄也并不曾被云雾遮盖一样；诗人在这两个事例中之所以加上这些情节，只是要使摄走（我们称之为"消失"）的极端迅速成为感官容易掌握的东西。

这种荷马式的云雾却被画家们拥为己有，不仅在荷马本人用过云雾或按理该用云雾的地方，还在要写事物变成不可以眼见或消失的地方，画家都用了，而且还把这种云雾广泛地应用到凡是观众应从画中看到一点什么东西而画中人物却全体地或部分地看不见的那些事例。例如智慧女神在劝阻阿喀琉斯向阿伽门农动武时，只有阿喀琉斯才看见她。克路斯伯爵说："如果想把这一点表示出来，我看没有旁的办法，只有用云雾把她遮盖起，使当时参加会议的其余的人都看不见她。"这种看法是完全违反诗人精神的。诗人所写的神自然都是不可以眼见的，用不着采用使人变成瞎子或是把光线遮掉的办法，来使神不被人看见，倒是要使人看见神时，就需要有一种神光照明，需要把凡人的眼力提高。所以毛病还不仅在云雾对于画家成为一种人为的符号而不是自然的符号；而且还在这种人为的符号[14] 在画里并没有它本来可以有的那种明确的意义，因为画家可以用它来把不可以眼见的表现为可以眼见的，也可以用它来把可以眼见的表现为不可以眼见的。[15]

注释

1. 不可以眼见的人物指各级的神。

2. 指人与神同出现在一幅画里，都一样可以眼见，不易区别。

3. 见《伊利亚特》卷二十一，第 385 行。

4. 例如战争中所用的武器须和战士的身材相称。

5. 见《伊利亚特》卷二十一，第 403 行。

6. 莱辛引用荷马诗句，都用希腊原文。本编译文参校达伯勋爵（Lord Derby）的英译和莱比锡出版《莱辛三卷集》的德译，只能表达原诗大意。下同。

7. 参看 11 页注 15。

8. 见《伊利亚特》卷二十一，第 407 行。"（七户人家需用的）田地"，德文原为"Hufe"，英译作"hide"，这两词均系中世纪以后的测量田亩的单位，每一"Hufe"或"hide"约当一户人家需用的土地，数量不确定。

9. 见朗吉弩斯的《论崇高》。

10. 第一例见《伊利亚特》卷三，第 381 行；第二例见《伊利亚特》卷五，第 23 行；第三例见《伊利亚特》卷二十，第 444 行。

11. 哥特风格指中世纪哥特艺术（主要在建筑方面）的风格，与古典风格相对立。"哥特"（Gothic）这个形容词是由"哥特"（Goth）来的。哥特是中世纪入侵欧洲的日耳曼民族的一种，所以"哥特式"在初用时含有"野蛮"的意思。

12. 赫克托耳（Hector）是特洛伊的主将，和希腊的主将阿喀琉斯（Achilles）决战，力不敌，势将遭擒，阿波罗神袒护特洛伊人，把赫克托耳隐藏在云雾里摄走。

13. 见《伊利亚特》卷二十，第 321 行。

14. 指上文所说云雾。关于"人为的符号"与"自然的符号"的区别，莱辛在遗稿里详细讨论过，参看附录中提纲 A 第三部分以及关于这部分的笔记。

15. 本章论证荷马诗中对不可以眼见的人物（神）和动作的描写不可能搬到画里，一则因为神与画中的人和物大小悬殊，二则因为神使人看不见时所用的云雾在画中很难起遮盖的作用。

第十三章

诗中的画不能产生画中的画，

画中的画也不能产生诗中的画

假如荷马的作品已全部失传，而他的《伊利亚特》和《奥德赛》所留下来的只有克路斯伯爵建议从它们中间选材的一系列的绘画，我们是否能从这些绘画——就假定它们出于最完善的大画师之手——去形成我们现在对荷马所有的概念呢？我还不说关于整个荷马的概念，只说关于他的描绘才能这一方面的概念。

我们不妨就首先碰到的一段诗来作一次检查。姑且选择瘟疫的描绘为例。[1]在艺术家的画幅上我们看到的是些什么呢？许多死尸，发出熊熊火焰的火葬堆，垂死的人们忙着处理已死的人们，一个愤怒的神坐在云端发射他的箭。这幅图画的最大财富在诗人手里就会变成贫穷。因为我们如果根据这幅画来把荷马的诗还原，我们能让他说些什么呢？他能说的是这样几句话："于是阿波罗大怒，用箭射希腊大军。许多希腊人死了，他们的尸体被焚化了。"荷马本人却是这样说的：

于是他满腔怒火，奔下奥林匹斯高峰，

肩上背着大弓，箭筒里装满了箭，

当他走动时，箭在这位发怒的神的肩上

哗哗地响；他下来像黑夜来临一般。

他到了离战船很远的地方坐下，射出一支箭，

手里的银弓嘣的一声，叫人丧胆，

他先射骡马，再射狗，最后才射人，

一箭接着一箭，人们一个接着一个倒下去：

焚化死尸的柴堆日夜燃烧不停。

　　生活高出图画有多么远，诗人在这里也就高出画家多么远。在盛怒之下，阿波罗背着弓箭从奥林匹斯高峰上奔下来，我不仅看到他奔下来，而且简直听到他的声音。每走一步，这位愤怒的神肩膀上的箭头就哗哗地响。他像夜一样降临到人间。于是他面对着那些兵船坐着，银弓嘣的一声响，第一批箭射到骡马和狗身上。接着就用更毒的箭射人，于是焚化尸体的柴堆到处都不停地燃烧着。诗人的语言还同时组成一幅音乐的图画，这不是用另一种语言可以翻译出来的。这也不是根据物质的图画[2]可以想象出来的，尽管在诗的图画高于物质的图画的优越点之中，这还只是最微细的一种。诗的图画的主要优点，还在于诗人让我们历览从头到尾的一系列画面，而画家根据诗人去作画，只能画出其中最后的一个画面。

　　但是这场瘟疫也许不是一个很方便的绘画题材。还有一个较悦目的题材：神在饮宴和会议[3]。一座敞开的金殿，许多最美丽最可敬仰的神随心所欲地排成行列，手里举着酒杯，青春永在的女神赫柏在替他们斟酒。多么壮丽的建筑，多么优美的光和影，多么鲜明的反衬，多么丰富多彩的表情啊！我要饱眼福，从哪里看起，看到哪里为止呢？如果画家能这样使我心醉神迷，[4]

诗人能否显出更大的魔力呢？我打开了诗人的作品，却发现自己的期望错了。我看到的是四行很简单的诗句，倒可以用来作为一幅画的题词。其中虽然有可以作画的题材，但是本身还不能算是画：

> 众神在金殿中围绕着天帝
> 会商大事，替他们斟仙液的
> 是赫柏姑娘，他们举杯祝寿，
> 眼睛望着特洛伊城池。

一个阿波罗尼乌斯[5]或是一个更平庸的诗人也写得出这样句子来，在这个例子里荷马远不如画家，正如在前一个例子里，画家却远不如荷马。

除掉这四行诗以外，克路斯伯爵在《伊里亚特》第四卷里再找不到一幅图画。他说："第四卷中很出色的是许多踊跃赴战场的号召，许多光辉灿烂的突出的人物性格以及诗人用来描绘大军整装待发的场面的那种高明艺术，但是对于绘画，这第四卷是完全无用的。"克路斯伯爵还应该补充一句："尽管凡是形成一种诗的图画的东西在第四卷里却是很丰富的。"事实上第四卷从头到尾和其余各卷一样富于完美的诗的图画。例如潘达洛斯受到密涅瓦的怂恿，破坏休战协议，发箭射墨涅拉俄斯那一段，[6]再如希腊大军到达和两军交锋，以及奥德修斯为他的亡友琉科斯报仇的事迹，[7]哪里找得出比这些段落还更精美更逼真的图画呢？

但是从此该得出什么结论呢？是不是荷马的最美妙的图画之中有些并不能用作画家题材呢？是不是在荷马本来没有写出图画的地方，艺术家却可以找出绘画题材呢？是不是在荷马自己确曾写出图画而艺术家也可以利用的地方，如果那些图画原来所显示的并不多于画家所能显示的，那就说明它们原来就会很贫乏呢？是不是我在本章开始时所提出的那个问题应该得到一个否定的答案？那就是说，根据取材于荷马诗篇的那些物质的图画，尽管数量很多，而且画得也很好，我们毕竟无法测定荷马本人的描绘才能。[8]

注释

1. 见《伊利亚特》卷一，第 44 至 53 行。参看下面的引文，这段诗写阿波罗神把瘟疫降到希腊大军船上的故事。

2. "物质的图画"即画家所绘的画，因为用的材料或媒介是物质的，故名。

3. 见《伊利亚特》卷四，第 1 至 4 行，以及克路斯的《从〈伊利亚特〉中所找出的一些画面》。

4. 指克路斯根据荷马所拟的画题。

5. 阿波罗尼乌斯（Apollonius），公元前 3 世纪希腊修辞学家，写过一部史诗《阿耳戈船的远征》，很工整，但诗意很少。

6. 潘达洛斯（Pandarus），特洛伊军中的箭手，他受了雅典娜（即密涅瓦）的劝诱，想用箭射杀希腊将领墨涅拉俄斯。莱辛在第十五章里再次详细地讨论潘达洛斯发箭的情节，可参看。

7. 琉科斯（Leucus）被特洛伊王子打死以及奥德修斯为他报仇的事迹，见《伊利亚特》卷四，第 490 行。

8. 本章论证我们不能根据取材于荷马史诗的绘画，去衡量荷马本人的描绘才能，诗中的画和画中的画是有分别的。

第十四章

能入画与否不是判定诗的好坏的标准

如果上文的结论正确，如果一篇诗可以向画家提供很多的画题而它本身却不是图画性（描绘性）的，反之，一篇诗也可以很富于图画性而对画家却不能提供画题；那么，克路斯伯爵的想法就要被推翻了。依他的想法，对画家的用途应该看作评判诗人的试金石，而诗人的地位高低就要看他们向艺术家所提供的画题多少来决定。[1]

我们不愿保持缄默，让克路斯的这种想法仿佛成为一个定律。弥尔顿就会成为这种想法的第一个无辜的牺牲品。克路斯对于弥尔顿所下的轻蔑的判断与其说是由于民族偏见，还不如说是由于他所假定的规律。他说，在弥尔顿与荷马之间最大的类似点就在失明。弥尔顿固然没有为整个画廊的绘画作品提供题材；但是如果我在享用肉眼时，我的肉眼的视野必然也就是我的心眼的视野，而失明就意味着消除了这种局限，我就反而要把失明看作具有很大的价值了。[2]

《失乐园》并不因为它提供的画题不多，就不能成其为荷马以后的第一部史诗；[3] 正如随便用针锋在基督受难的故事[4] 上面一指点，就可以触到许多大画师都曾用作题材的段落，但是这个故事并不因此就成为诗。福音传述者们用尽量枯燥的简单风格去叙述故事中的事实，而画家运用这个故事中的许多部分为题材，这并不能说明福音传述者们原来在这些部分曾显出丝毫绘画才能。事实有可以入画的，也有不可以入画的，历史学家可以用最没有画意的方式去叙述最有画意的东西，而诗人却有本领把最不堪入画的东西描绘成为有画意的东西。

如果不是这样看问题，那就是被"图画"这个词的意义暧昧所愚弄了。一幅诗的图画并不一定就可以转化为一幅物质的图画；诗人在把他的对象写得生动如在眼前，使我们意识到这对象比意识到他的语言文字还更清楚时，他所下的每一笔和许多笔的组合，都是具有画意的，都是一幅图画，因为它能使我们产生一种逼真的幻觉，在程度上接近于物质的图画特别能产生的那种逼真的幻觉，也就是观照物质的图画时最容易地最快地引起的那种逼真的幻觉。[5]

注释

1. 原注引了克路斯的一段话："人们永远相信，一篇诗所提供的意象和动作愈多，它的诗的价值也就愈高。这个意思使我想到诗所提供的各种画面的统计，可以作为衡量一些诗和一些诗人价值高低的根据。伟大作品中的画面的数目和种类的多寡，应该是衡量这些诗篇的价值以及它们的作者的才能的试金石或精确的天秤。"

2. 心眼所见的不能超过肉眼所见的，这是一个局限；失明使心眼不靠肉眼，有更广阔的视野，也就是说，想象力愈丰富。这个看法否定了想象的感性基础，是不正确的。

3. 在德国启蒙运动初期，反对高特雪特派输入法国新古典主义的新派人物往往把弥尔顿抬出来当作一面旗帜。莱辛与克路斯在对弥尔顿评价的分歧上显出资产阶级新派文艺（浪漫派的萌芽）与法国新古典主义的对立。莱辛在遗稿里一再专门讨论到弥尔顿的失明以及这对他的诗的影响。

4. 基督受难即基督被钉死在十字架上：这是文艺复兴以来西方绘画用得最多的一个题材。

5. 莱辛在这里强调诗中之画不同于画中之画，前者是"意象"，后者是"物质的图画"，所见正与克路斯所见相反，克路斯的错误在于混淆二者的区别。作者原注："我们所说的诗的图画（诗中之画），即古人所说的'想象'或'意象'（Phantasien），朗吉弩斯（《论崇高》十五·一以下）的读者都会想起这个词。而我们所说的这类画的'幻觉'或'逼真的幻觉'（Die Illusion 或 Das Täuschende），古人则称之为'生动性'（Energie）。因此有人说，例如普鲁塔克在《论道德文集》卷二第 1351 页（斯特芬主编本）说，诗的意象就是醒着的人所做的梦。我倒希望近代论诗艺的课本宁可用'意象'这个词，而完全不用'图画'这个词。这样，我们就免得用那些半真半假的规律，这些'规律'主要都是起用'图画'这个很勉强的名词所造成的混淆。这样，人们就不会轻易地把诗的'意象'一词塞到物质的图画那个窄狭的范围里；但是人们一旦把'意象'叫作'诗的图画'，错误的根源就来了。"

第十五章

画所处理的是物体

（在空间中的）并列（静态）

经验证明：诗人也可以把不是可以眼见的对象的描绘提高到产生上文所说的那样高度的逼真的幻觉。因此，艺术家势必要放弃较适合于诗人的许多种类的图画。德莱顿《咏圣则济利亚节日》的诗[1]充满着音乐性的图画，都是画笔所不能点染的。不过我不愿就这类事例扯得很远，因为从这类事例中我们最后所能学到的东西不过是：颜色并不是声音，而耳朵也并不是眼睛。

我现在只讨论诗人和画家所同用的可以眼见的事物的图画。为什么许多属于这类的诗的图画不是画家所能运用的呢？另一方面，为什么也有许多真正的图画如果由诗人作为题材去处理：就会失去它们原有的效果中的绝大部分呢？

最好举例来说明。让我再重复一遍：在全部荷马史诗中，《伊利亚特》第四卷中潘达洛斯的图画是最精美最逼真的一种。[2]从抓起弓来到箭飞出去，其中每一顷刻都描绘出来了，这些顷刻既是彼此紧密衔接的，又是彼此区分得很清楚的，使不会使用弓箭的人们单从这幅图画里也就可以学会使用弓箭。

潘达洛斯把弓提起，调好弓弦，打开箭筒，挑选出一支没有用过的装好羽毛的箭，把它安在弦上，把弦带箭拉紧，拉到弦贴近胸膛，铁箭头贴近弓背，弓哗啦的一声弹回去，弦嘭了一声，箭就飞出去，很疾速地飞向目标。

克路斯不可能没有注意到这幅出色的图画。在这里面他看出了什么理由，能说明艺术家无法驾驭这种题材呢？他根据什么理由认为众神饮宴会议的场面比起这个画面还更适宜于画家使用呢？在前例和后例中，题材同属于可以眼见的一类，画家要用来涂上他的画幅的不正是这类可以眼见的题材吗？

问题的症结一定就在这里。尽管这两种题材因为同是可以眼见的，同样可以用于真正的图画，它们之中毕竟有一个本质的差别；前者（潘达洛斯射箭）是一套可以眼见的动作，其中各部分是顺着时间的次序，一个接着一个发生的；后者（众神饮宴会议）却是一个可以眼见的静态，其中各部分是在空间中并列而展开的。绘画由于所用的符号或模仿媒介只能在空间中配合，就必然要完全抛开时间，所以持续的动作，正因为它是持续的，就不能成为绘画的题材。绘画只能满足于在空间中并列的动作或是单纯的物体，这些物体可以用姿态去暗示某一种动作。诗却不然……[3]

注释

1. 圣则济利亚（St.Cecilia）是音乐的保护神，她的节日是 11 月 22 日。英国 18 世纪诗人德莱顿的诗题是《Song for St.Cecilias Day》(《咏圣则济利亚节日》)，这是一首音乐性很强的名诗。

2. 参看 91 页注 6。

3. 本章就荷马描绘潘达洛斯发箭为例，说明在可以眼见的一类题材之中，诗与画的处理有本质上的区别，为下一章总结做准备。

第十六章

荷马所描绘的是持续的动作，

他只用暗示的方式去描绘物体

我想设法从基本原则中去找出上述区别的根由。

我的结论是这样：既然绘画用来模仿的媒介符号和诗所用的确实完全不同，这就是说，绘画用空间中的形体和颜色而诗却用在时间中发出的声音；既然符号无可争辩地应该和符号所代表的事物互相协调；那么，在空间中并列的符号就只宜于表现那些全体或部分本来也是在空间中并列的事物，而在时间中先后承续的符号也就只宜于表现那些全体或部分本来也是在时间中先后承续的事物。[1]

全体或部分在空间中并列的事物叫作"物体"。因此，物体连同它们的可以眼见的属性是绘画所特有的题材。

全体或部分在时间中先后承续的事物一般叫作"动作"（或译为"情节"）。因此，动作是诗所特有的题材。

但是一切物体不仅在空间中存在，而且也在时间中存在。物体也持续，在它的持续期内的每一顷刻都可以现出不同的样子，并且和其他事物发生不同的关系。在这些顷刻中各种样子和关系之中，每一种都是以前的样子和关系的结果，都能成为以后的样子和关系的原因，所以它仿佛成为一个动作的中心。因此，绘画也能模仿动作，但是只能通过物体，用暗示的方式去模仿动作。

另一方面，动作并非独立地存在，须依存于人或物。这些人或物既然都是物体，或是当作物体来看待，所以诗也能描绘物体，但只能通过动作，用暗示的方式去描绘物体。

绘画在它的同时并列的构图里，只能运用动作中的某一顷刻，所以就要选择最富于孕育性的那一顷刻[2]，使得前前后后都可以从这一顷刻中得到最清楚的理解。

同理，诗在它的持续性的模仿里，也只能运用物体的某一个属性，而所选择的就应该是，从诗要运用它那个观点去看，能够引起该物体的最生动的感性形象的那个属性。

由此就产生出一条规律：描绘性的词汇应单一，对物体对象的描绘要简洁。[3]

我对于上面这一套枯燥推理线索不会置信，假如我没有看到它从荷马的实践里得到证实，或则毋宁说，假如不是荷马的实践本身引导我达到这个结论。只有根据这些基本原则，我们才能确定和阐明希腊人的伟大风格，也才能正确地评价许多近代诗人的与此相反的风格。这些近代诗人想和画家竞争，而在所竞争的那个领域里，他们却必然要被画家打败。

我发现荷马只描绘持续的动作而不描绘其他事物；他如果描绘某一物体或个别事物，只是通过它在动作中所起的作用，而且一般只用它的某一个特点。难怪画家在荷马着笔描绘的地方，看不出或是很少看出可供他自己着笔描绘的东西，而只有在故事搜集了一系列的美的物体。处在美的姿态，而且处在对艺术有利的空间里的时候，画家才找得到他的收获，尽管诗人自己在描绘它们时也许着笔不多。如果我们按照克路斯所草拟的那一系列的图画一幅接着一幅地检查下去，我们就会发现每一幅都足以证明这个论点。

克路斯伯爵想把艺术家的颜料盘当作评判诗人的试金石，我在这里且把他按下不谈，先把荷马的风格说明得更透彻一些。

我说荷马写一件事物，一般只写它的某一个特点。在他的诗里一条船是黑色的，有时是空空的船，有时是快船，至多也只是划得好的黑色船。他就止于此，不再对船作进一步的描绘。但是对于船的起锚，航行和靠岸，他却描绘出一幅极详细的图画。如果画家想把这幅画的材料都搬到他的画布上，他就得画出五六幅画才行。

如果有特殊情况逼得荷马要吸引我们的目光在某一个物体对象上注视得稍久一点，他也不会作出一幅可以让画家模仿的图画，而是会用许多巧妙的艺术手法，把这个对象摆在一系列先后承续的顷刻里，使它在每一顷刻里都现出不同的样子，画家必须等到最后一顷刻，才能把诗人所陆续展出的东西，一次展出给我们看。举例来说，荷马要让我们看天后朱诺的马车，他就让赫柏把车的零件一件一件地装配起来，让我们亲眼看见马车是怎样安装起来的。我们看到车轮、轮轴、车座、车辕、缰绳，不是从一辆现成的马车上看到的，而是从赫柏怎样用手把它们装配起来时看到的。单是在车轮上面，荷马就花了不少笔墨，让我们看到八条黄铜轮辐，金轮缘，青铜轮箍，银毂，每个零件都看得很详细。我们可以说，马车既然不只有一个轮，所以描写那些轮所花的时间，就须和实际上安装那些轮所花的时间差不多：

> 赫柏把青铜的圆轮装上马车，
> 每个轮从铁轴伸出八条轮辐，
> 轮缘是金镶的，围绕轮缘四周
> 捆着青铜箍，看起来真神奇。
> 绕轴旋转的那些毂都是白银，

> 金带和银带交织成车的座位，
>
> 四周装着两道扶手的围栏，
>
> 前面伸着一条辕杆也是银制的，
>
> 在辕杆尾端，赫柏系上美丽的
>
> 金轭，又系上美丽的金缰绳。[4]

再如荷马要让我们看阿伽门农的装束，他就让这位国王当着我们面前把全套服装一件一件地穿上：从绵软的内衣到披风，漂亮的短筒靴，一直到佩刀。衣服穿好了，他就拿起朝笏。我们从诗人描绘穿衣的动作中就看到衣服。如果落到旁的诗人手里，他会件件描绘，连一根小飘带也不肯放过，我们就不会看到动作了。

> 他穿上新制的细软的衬衣，
>
> 套上宽大的披风，于是在端正的脚上
>
> 系上一双漂亮的鞋，把镶银的刀
>
> 挂在肩上，然后拿起国王的笏，
>
> 这是他的永远不坏的传家法宝。[5]

这个笏在这里只被形容为"传家的"和"永远不坏的"，在另一个地方荷马提到另一个笏，也只把它形容为"镶嵌着金钉的"，如果我们需要对这个重要的笏有一个更精密更完备的图画，荷马怎么办呢？是否在金钉之外，他还把笏的材料和雕花的笏头描绘一番呢？他会这样办，如果他有意要作出一种纹章学的描绘，以便后世人可以依样仿制一个类似的笏来。我敢说，近代诗人中就有许多人会对这种典礼一本正经地进行描绘，并且天真地相信自己既然提供了足够的材料让画家去作画，就已经描绘了笏。但是荷马才不管画家落在他后面有多么远。他不描绘笏的形状，只叙述笏的历史，首先通过火神的劳动把这个笏制造出来，接着就在天神朱庇特[6]的手里闪烁发光，接着它标志着交通神的尊严[7]，然后它成为勇于战斗的珀罗普斯[8]的指挥杖，而现在它是爱好和平的阿特柔斯[9]的牧羊杖：

于是阿伽门农王挺身站起，

手里把着朝笏，火神的艺术品，

火神把这个笏交给天神宙斯，

宙斯把它传给赫耳墨斯，天上的信使，

赫耳墨斯送给善御者珀罗普斯，

再传到阿特柔斯，人民的牧宰，

他死之后，笏又传到梯厄斯忒斯[10]，

他是无数羊群的主子，到了现在，

它传到阿伽门农手里，就成为

阿耳戈斯[11]和许多岛屿的王权的标志。[12]

这样我看到这个朝笏，就比画家把它的形象摆在我的眼前，或是另一个火神把它放在我的手里时还更清楚。我毫不惊怪，看到一位注释荷马的古代学者把这一段诗称赞为一篇最完美的寓意诗，叙述了人间君权的起源、发展、巩固以至于最后的世袭。如果我读到的是下面的一番话[13]，我当然就会发笑：制造这个笏的火神，作为火的人格化，作为维持人类生活最不可缺少的东西，一般表明了原始人类须受制于某一个领袖的那种需要的满足；第一个国王是时神的儿子（克洛诺斯的儿子宙斯），是一个值得尊敬的老年人，他愿意和一个聪明的能言善道的人，一位交通神（杀死百眼巨灵的、神的使者），分享他的权力，甚至把他的权力完全让给他；这位聪明的辞令家等到这年幼的国家遭到外敌侵袭的危险，就让位给一位最勇敢的战士（御者珀罗普斯），而这位勇敢的战士在消灭敌人，保证了国家的安全之后，就让位给他自己的儿子；他的儿子作为一个爱好和平的君主，作为他的人民的一个慈善的牧羊人，使他的人民享受到富饶和奢华的生活，因此在他死之后，就为他的最富的亲属（多羊的梯厄斯忒斯）铺平了道路；而后者通过馈赠和贿赂，把前此由人民信托的权柄，在有才德的人看来与其说是荣誉还不如说是负担的权柄，攫为己有，并且仿佛作为一份买来的产业，传给他的家族永远享用。我读到这番话固然会发笑，但是我也会加强我对诗人的崇敬，因为从他的作品中人们居然能看出这么多的意思。——不过这些都是题外话，我现在只把笏的历史看作一种艺术伎俩，用来使我们在某一个别事物上多流连玩索一会儿，而无须对它的各部分进行枯燥地描绘。阿喀琉斯在受到阿伽门农的轻蔑，就凭他的笏誓要报仇时，荷马也叙述了他的这个笏的历史。我们看到这个笏来自一棵树，原来长在山上发出青叶，斧头把它从树干上砍下来，剥去了树叶和树皮，于是把它制造成为一种器具，适合于人民的执法者用来标志他的神圣尊严地位。

> 我现在要凭这个笏发誓：
> 自从它从山上树干上砍下来以后
> 枝叶就不再生长，削去了叶和皮，
> 也不再发芽开花。现在掌握它的人
> 是希腊人民的儿子，是国法的保护者，
> 凭这个笏我发誓……[14]

对于荷马，重要的事不是描绘两根材料和形状都不同的杖，而是要使我们对这两根杖所标志的权力的差别得到一个生动的感性形象。前一根杖是火神的作品，后一根杖却是由一个不知名的人从山上砍下来的；前一根是一家贵族的传家宝，后一根却碰巧落到谁手里就归谁掌握；前一根由一个国王用来指挥阿耳戈斯全境和许多岛屿的人民，后一根却由希腊人民中间某一个人掌握，这个人和一些旁人同受委托来维持国家的法律。这就是阿伽门农和阿喀琉斯两人之间实际上的差别，连阿喀琉斯本人，尽管在狂怒之下，也不能不承认这种差别。

不仅是在把这种较深的意旨结合到描绘时，就连所要做到的只在画出一幅图画时，荷马也把这幅图画拆散成为所绘对象的历史，使在自然中本是并列的各部分，在他的描绘中同样自然地一个接着一个，仿佛要和语言的波澜采取同一步伐。例如他要描绘潘达洛斯的弓，一张角制的弓，有一定的长度，刨得很光，两头都镶了金板。荷马是怎样办的呢？他向我们把这些特征一一历数出来吗？绝对不是这样！这样就只是照摹弓的图样而不是画弓。他从打猎中追捕一只野山羊说起，弓就是用这只山羊的角做的。潘达洛斯亲自在山岩中埋伏着，把这只山羊射死，羊角非常长，因此他决定拿它制弓；于是制造就开始了，匠人把两只角结合在一起，刨光，然后镶上金板。这样，像我们已经说过，我们在画家作品里只能看到已完成的东西，在诗人作品里就看到它的完成的过程：

> 于是他从弓囊里拔出光润的弓
>
> 这是山羊角做的，他亲自射杀了这山羊。
>
> 他先埋伏着，趁山羊跳出岩洞时，
>
> 他一箭就射中它的胸，羊就倒下岩来，
>
> 两只角有十六只手横排在一起那么长，
>
> 潘达洛斯把它们交给角匠去打磨光，
>
> 两端还包上黄金……[15]

如果我要把所有这样的例子都举出，那就举不胜举。凡是熟悉荷马的人都可以碰到无数这样的例子。[16]

107

注释

1. 在空间中并列的符号是线条和颜色，在时间中先后承续的符号是语言，莱辛把前者称为"自然的符号"，后者称为"人为的符号"。他在遗稿中讨论这个区别较详，见附录。

2. "最富于孕育性的顷刻"（Der prägnanteste Augenblick），原文 prägnante，原义为"怀胎的"，即最富于暗示性的。莱辛用这一词来指画家描写动作时所应选用的发展顶点前的一顷刻，这一顷刻既包含过去，也暗示未来，所以让想象有自由发挥的余地。参见 25 页注 7。

3. 莱辛根据荷马的描绘物体的范例，反对多用形容词。

4. 见《伊利亚特》卷五，第 722 至 731 行。

5. 见《伊利亚特》卷二，第 43 至 47 行。文中所说的"笏"，和中国古代的笏不同，是指西方古代帝王所持的一种指挥杖。中国笏是大臣晋见帝王时所持的遮面具，指挥杖只有帝王才能用来标志最高职权。

6. 罗马人的天神朱庇特（Jupiter）即希腊人的宙斯（Zeus）。

7. 交通神名赫耳墨斯（Hermes），轻捷善走，长于辞令。参看 57 页注 7。

8. 珀罗普斯（Pelops），据希腊神话，是宙斯的孙子，坦塔洛斯的儿子，阿伽门农的祖父。

9、10. 阿特柔斯（Atreus）和梯厄斯忒斯（Thyestes）是珀罗普斯的两个儿子。阿特柔斯是阿伽门农的父亲。

11. 阿耳戈斯（Argos）即珀罗普斯半岛，珀罗普斯家族的领土。

12. 见《伊利亚特》卷二，第 101 至 108 行。

13. 下面一段话是注释荷马史诗的古代学者就描写阿伽门农的笏一段诗所作的一种社会发展史的解释。这种解释当然是穿凿附会。

14. 见《伊利亚特》卷一，第 234 至 239 行。

15. 见《伊利亚特》卷四，第 105 至 111 行。

16. 第十五章和第十六章提出了诗画区别的主要论点，这是全书的中心。参看遗稿中关于卷一第十六章的笔记（1）。

第十七章

对各部分的描绘不能显出诗的整体

有人会反驳，说诗所用的符号不仅是先后承续的，有时也是人为的；作为人为的符号，它们当然能按照物体在空间中的样子去表现它们。从荷马本人的作品里就可以找到许多例子，我们只需回想一下他所描绘的阿喀琉斯的盾，就可以找到一个能解决问题的例子，说明诗人对于单个的物体，可以按照它的并列的部分既详细而又符合诗的原则地把它描绘出米。

我现在来回答这里所提的双重的责难。我把它叫作双重的，因为一个正确的结论纵使没有例证也还是有效的，另一方面，荷马的例证对于我是很重要的，尽管我还找不出什么可证明它正确的理由。

不错，语言的符号既然是人为的，就有可能运用这种符号，把一个物体的各部分描绘得既像它们在自然中并列的样子，也可以是先后承续的。但是这只是语言和它的符号一般具有的特性，并不一定就最适合于诗的意图。诗人不愿仅能为人所理解，他所描绘应该不只是清清楚楚的。散文家如果做到这一点，就可以心满意足了，诗人还要把他想在我们心中唤起的意象写得就像活的一样，使得我们在这些意象迅速涌现之中，相信自己仿佛亲眼看见这些意象所代表的事物，而在产生这种逼真幻觉的一瞬间，我们就不再意识到产生这种效果的符号或文字了。我们前面所提到过的诗的图画大要就是如此。但是诗人总是要描绘的，我们现在来考察一下，各部分在空间并列的物体怎样才能适应这种诗的图画。

我们对一个占空间的事物，怎样才能获得一个明确的意象呢？首先我们逐一看遍它的各个部分，其次看各部分的配合，最后才看到整体。我们的感官进行这些不同的活动是非常迅速的，以至那一连串的活动仿佛只是一回事；如果我们要想得到对整体的理解，这种高速度是绝对必要的，因为对整体的理解不过是对各部分及其配合的理解的结果。假定诗人按照最妥帖的次序，引导我们从对象的某一部分看到另一部分，又假定他把这些部分的配合显示得很清楚，他需要在这上面花多长时间呢？本来是一眼就可以看完的东西，诗人却须在很长的时间里一一胪列出来，往往还没有等到他数到最后的一项，我们就已把头几项忘记掉了。但是我们还必须根据这些胪列的项目，来形成一个整体。对于眼睛来说，看到的各部分总是经常留在眼前，可以反复再看；对于耳朵来说，情形却不如此，听过的那些部分如果没有记住，就一去无踪了。如果要把它们记住，要把它们所留下来的许多印象，完全按照它们原来出现的次第，在脑里重新温习一遍，要它们显得像是活的一样，而且还要以合适的速度把它们串联起来回想，以便终于达到对整体的理解，这一切需要花费多少精力啊！

我们可以用一个例子来检验一下这个道理，这个例子可以称作这一类诗中的杰作：

> 高贵的龙胆花在那里昂首挺立，
> 远远超出于一丛平凡的杂草，

在它的旗帜下群花听命服役，
蓝色的弟兄们也向它俯首致敬，
灿烂的花朵金光四射，
戴着金冠，披着灰裳，耸立在枝头，
洁白的叶透出深绿的条纹，
闪耀着五色缤纷的露珠。
最正直的规律啊！刚劲婀娜，
在美丽身躯里住着更美丽的灵魂。

这里蜷伏着一棵小草，像一片灰雾；
大自然把它的叶子安排成十字形，
它的秀丽的花朵伸出两片镶金的唇，
像绿玉雕成的小鸟嘴上的喙。
那里荡漾着一片油绿的指状的叶
在一条清溪上投射出它的绿影，
花像温润的雪，上面染着浅红，
裹着一条条的放白光的星星。
翠绿和玫瑰红点染着踏过的灌木原，
峻峭的山崖披上深红的衣裳。[1]

这里都是些花草，博学的诗人用了高明的艺术按照自然本色把它们描绘出来了。描绘出来了，但是不能产生任何逼真的幻觉。我不敢说，凡是没有见过这些花草的人们从这幅图画里简直不能形成什么意象。也许一切诗的图画都需要对所绘对象先已有些认识。我也不否认，对在这方面已经有些有用的知识的人来说，诗人可能在他们心中唤起那对象某些部分的生动的意象。我只想提出一个疑问：他们对于对象的整体会有什么理解？如果对整体的理解也应该是生动的，那就不能让个别的部分显得太突出，就应有一种较高的光线平均地普照全体；我们的想象就应该能以同等的速度巡视全体，以便把全体各部分统一起来，见出原来在自然中一眼就可看到的模样。上引两节诗能符合这种情况吗？如果不符合，怎么能说"比起这幅诗的图画来，画家的最逼真的描绘也会相形见绌呢"？² 这幅诗的图画实在远远落后于线条和颜色所能表现出的图画，而对它过分赞扬的批评家只能是从错误观点来看它。他所着眼到的一定只是诗人织在画里的那些题外的雕饰，画中那种超出寻常植物生活的夸大的渲染，那种利用只是外壳的外在美来对内在完美所进行的加工，而不是这种美本身，不是画家和诗人都能给我们描绘出来的那种高度生动和惟妙惟肖。我们在这里要谈的只是这后一点，对下面这几行诗：

> 灿烂的花朵金光四射，
>
> 戴着金冠，披着灰裳，耸立在枝头，
>
> 洁白的叶透出深绿的条纹，
>
> 闪耀着五色缤纷的露珠。

如果有谁能说这种诗句产生的印象能和侯伊森³的画比美，那么，他就一定不曾反躬检查情感或是故意隐瞒情感。把那些花摆在眼前，来朗诵这几行诗，它们也许显得很美。但诗句本身实在表现不出什么，我从每个字里只听到卖气力的诗人，但是看不到那对象本身。

让我再说一遍，我并非要否认一般语言具有按照各部分来描绘整个物体的能力。语言有这种能力，因为它所用的符号虽然是先后承续的，却也是人为的。我所否认的只是语言作为诗的媒介，会具有这种能力；因为诗特别要能产生逼真的幻觉，而用语言来描绘物体，却要破坏这种逼真的幻觉。这种幻觉之所以要遭到破坏，我说是因为物体的同时并存和语言的先后承续发生了冲突；尽管在转化同时并存为先后承续之中，转化整体为部分是件容易事，而最后把这些部分还原成整体却非常困难，往往甚至不可能。

所以如果问题不在引起逼真的幻觉，如果作者只需诉诸读者的理解力，只需把概念弄得明确而且尽量地完备，上述排斥到诗的领域以外的那种物体描绘还可以有它的地位，不仅散文家可以完全有效地利用它，就连宣传教义的诗人也是如此（因为诗人在宣传教义时就已失其为诗人的身份）。例如维吉尔在他的田园诗里这样描绘一头适宜于生殖的母牛：

> 母牛要显得顽强凶恶，头壮颈粗，
> 喉下胃囊要从双腮下垂到双腿，
> 双腰要又长又宽，膘满力壮，
> 腿要大，耳要粗，蹄要宽。
> 皮毛黑得发光，白点斑斑；
> 驾轭时要挣扎，要用角触人，
> 面相像公牛，走时昂首阔步，
> 用尾端横扫着地上的足迹。……[4]

或是这样描绘一匹小马：

> ……颈项高昂，
> 头尖细，腹瘦背宽，
> 魁梧的胸膛肌丰力壮。[5]

谁看不到诗人在这里更关心的是罗列各部分而不是见出整体呢？他想向我们

历数一匹小骏马或是一头好母牛的标志，使我们碰见它们，就能够判定它们的价值；至于能否使人从这些标志中构成一个生动的整体，这对他却是无关宏旨的。

除掉这种用法以外，对物体的详细描绘（如果不用上述荷马所用的技巧，即把物体的并列情况转化为先后承续的）就会被最好的批评家看成一种枯燥的戏法，用不着什么天才，顶多只需用很少的天才，就可以办到。贺拉斯说过，每逢一个诗匠做不出什么更好的东西来，他就动手描绘一个小树丛，一座神坛，一条在愉快的草地中蜿蜒地流着的小溪，一支急流或是天上的虹：

> 写第安娜的林泉和祭坛
> 写溪流在美好的田野里蜿蜒荡漾
> 或写莱茵河，或写天上的虹 [6]

蒲柏 [7] 到了壮年，回想到他在童年时代试写描绘体诗的时候，总是感到惭悔。他明确地要求凡是想无愧于诗人称号的作家，都应尽早地放弃描绘，并且说，单纯的描绘体诗只是一席除了菜汤之外别无所有的酒宴。关于克莱斯特先生，我敢说，他并不为他所写的《春天》而感到自豪，[8] 如果他的寿命活得长些，他就一定会把那首诗写成另一种样子。他曾经考虑过，使这首诗显得有条理，并且思索过要用一种办法，把那些他仿佛从春回大地时东一点西一点信手拈来的无数形象，顺着自然的次序一个接着一个地表现到眼前来。同时，他也会采纳马蒙泰尔 [9] 的一些对德国诗人所进的忠告，这个忠告无疑是针对克莱斯特的田园诗而发的。他会把一系列的只有一些稀稀落落的感触穿插进去的形象，改成一系列的只有一些稀稀落落的形象穿插进去的感触。[10]

注释

1. 见哈勒的诗《阿尔卑斯山》。哈勒（Haller，1708—1777），出生在瑞士的德国诗人，同时是一位自然科学家。他的诗以描写自然风景著名，《阿尔卑斯山》是他的代表作。

2. 见布莱丁格的《批判的诗艺》卷二。布莱丁格（Breitinger，1701—1776），瑞士苏黎世派诗人，受英国汤姆逊等人的自然诗的影响，提倡描绘体诗，参看"译后记"。

3. 扬·范·侯伊森（Jan van Huysum，1682—1749），荷兰名画家，擅长花卉。

4. 维吉尔的《田园诗》卷三，第 51 行以下。

5. 同上诗，第 79 行。

6. 见贺拉斯的《诗艺》第十六节。

7. 蒲柏（Alexander Pope，1688—1744），英国诗人。

8. E.C. 克莱斯特（E. C. Kleist，1715—1759），德国诗人，莱辛的好友，擅长描写自然风景的抒情诗。他计划写一部长诗，叫作《乡土的爱》，只写成其中《春天》一部分。他死得早，未完成计划。

9. 让 - 弗朗索瓦·马蒙特尔（Jean-François Marmontel，1723—1799），法国诗人和批评家，在他的《法国诗学》里对当时德国诗进行过批评。莱辛在原注里引用了此书卷二第 501 页中一段话："当我写出这些感想的时候，德国人在田园诗这种体裁方面的尝试还没有为我们所知道。他们实现了我所想到的；假如他们较多注意到道德精神而较少注意到物质图画的细节，他们就会在这种体裁方面做出优异的成就，就会比那种卖弄乡村风情的诗较丰富、广阔和深刻，而且远较自然，富于道德精神。"

10. 意谓多注意思想情感而少注意形骸。在这章里莱辛举哈勒描绘花卉的诗为例，说明诗不宜于描绘物体的并列部分，因为物体各部分同时并列与语言的文字符号先后承续之间有矛盾；如果转化同时并列为先后承续，就难见出整体，也就难产生逼真的幻觉。这番话是针对当时描写体诗而进行批评的。

第十八章

两极端：阿喀琉斯的盾
和埃涅阿斯的盾

然则能否说荷马也有陷入枯燥描绘的时候呢？

我希望人们能引来证实这种观点的章节是很少的；我敢说，就连这些很少的章节虽然看来好像是例外，而实际上却恰恰证实了规律。规律仍然有效，那就是：时间上的先后承续属于诗人的领域，而空间则属于画家的领域。

把在时间上必然有距离的两点纳入同一幅画里，例如玛楚奥里把抢劫萨宾族妇女和后来她们调和丈夫们与娘家亲属两段情节纳入一幅画里，以及提香把浪子和他的放荡的生活、他的穷困和他的忏悔整篇故事纳入到一幅画里，[1] 就是画家对于诗人领域的侵犯，是好的审美趣味所不能赞许的。

我在自然中对同一事物的许多部分或许多事物必须一眼就可以看遍，才能产生一个整体的印象。如果把这些部分或事物一一历数给读者，以便让他得到一个整体的印象，这就是诗人对于画家领域的侵犯，这样他就枉费想象力。

但是两个善良友好的邻邦，虽然互不容许对方在自己的领域中心采取

117

不适当的自由行动，但是在边界上，在较小的问题上，却可以互相宽容，对仓促中迫于形势的稍微侵犯权利的事件付出和平的赔偿，画和诗的关系也是如此。

　　为证实这个观点，我不想援引这样一种事实：在一些大幅的历史画里，都不免要对时间上某一点略加推广，也许找不出一件描绘很多人物的画，其中每一个人物都现出他在主要情节发生的那一顷刻中所应有的动作和姿态，实际上某些动作和姿态是略早或略迟于这一顷刻的。这是一种自由，画家必须通过某种安排上的巧妙，来显出这种自由，这是合理的，例如把某些人物摆在前部较突出的地位，某些人物摆在背景里，使他们参加当前事件的时间或久或暂。我在这里只想援用门斯[2]就拉斐尔画服装的手法所说的一番话：“拉斐尔所画的衣褶都有理由，或是根据服装自身的重量，或是根据四肢的移动。我们往往可以从这些衣褶看出它们此前是什么样子，就连在这一点上拉斐尔也要显出意义。我们从褶纹上可以看出一条腿或一只手臂，在它移动以前，是停在前面还是停在后面的，那条腿是由屈而伸的还是由伸而屈的。”在这种情形之下，画家无疑是把两个不同的时刻合而为一。因为腿原来停在后面而现在向前面移动，盖在腿上面的服装也立即跟着移动（除非那衣料太硬，因而就完全不适宜于绘画），所以在任何顷刻里，服装所形成的褶纹都不会和当时四肢情况所理应形成的褶纹不同；如果形成不同的褶纹，那么，服装就是按前一顷刻的样子描绘的，而四肢却是按现在这一顷刻的样子描绘的。尽管如此，如果画家这样画，就有把两个顷刻合而为一的便利，谁会对他吹毛求疵呢？谁不会称赞他有识有胆，能利用这点小疵去达到表情上更高度的完美呢？

　　诗人也该享受类似的方便。他的先后承续式的模仿本来只允许他在一个时刻里，只涉及他所画的物体的某一面或某一属性。但是如果语言运用得巧妙，只消用一个字就可以把它表达出来，他在必要时为什么不能偶尔再加上第二个字、第三个字乃至第四个字呢？我前已说过，在荷马的诗里，一只船只是一只黑船，一只空阔的船，一只快船，至多也不过是一只划得好的黑船。不过这只是就荷马的一般手法来说。荷马偶尔也加上第三个形容词，例如"圆的、黄铜的、八条辐的车轮"，乃至加上第四个形容词，例如"磨得精光的、美丽的、黄铜的、打得很平整的盾"，谁会因此就责备他呢？如果感觉到这种小奢侈放在适当的地位，能产生顶好的效果，谁不会为这点小奢侈而感谢他呢？

但是我不愿用上文所用的两个友好邻邦的比喻，来替诗人或画家辩护。一个单纯的比喻不能证实或辩护任何论点。要替他们辩护，就只能这样说：在画家的作品里，如果两个不同的顷刻是紧接着的，就无妨把它们看成一个顷刻；在诗人的作品里，如果描绘空间中几个部分和属性的几个形容词先后承续得快，很紧凑，我们也就觉得仿佛一霎时就把它们全都听进去了。

在这一点上，我看优异的希腊语言对荷马提供了非常大的方便。希腊语言不但使他有充分的自由去配合和堆砌几个形容词，而且可以把这些堆砌在一起的形容词安排得很巧妙，使它们所形容的名词不至于很别扭地拖在后面。这样一种或多种方便是近代语言所完全没有的。例如就法语来说，要译出希腊语中"圆的车轮、黄铜的、有八条辐的"这一词组，就成为"那圆的车轮是黄铜制的，有八条轮辐"，意思是译出来了，而图画（形象）却遭到破坏了。而在这里图画就是一切，意思毫不重要，没有图画感会使一位最生动的诗人也变成一个讲废话的人——在拘谨的达西埃夫人的译笔下，荷马往往遭到这样的厄运。[3]我们的德国语言一般固然可以用同样简短的词去译荷马的形容词，但是在词序方面，德语却没有希腊语那样方便。我们说"圆的、黄铜的、八辐的……"，但是"车轮"却拖在老后面。先听到三个状语，然后才听到主词，谁不会感觉到这只能产生一种模糊的混乱的图画呢？希腊语把主词和第一个述词连在一起，把其余的述词放在后面，说"圆的车轮、黄

119

铜的、八辐的"，因此我们马上就知道说的是什么，而且顺着思想的自然次第，先认识到所说的东西，然后知道那东西的偶然的属性。我们的德语却没有这种方便，或者可以说，尽管有，用起来往往不免造成混淆。这两事其实还是一事。因为我们如果要把这些形容词放在后面，那就是把它们放在独立地位[4]，例如说"圆的车轮、黄铜的、八辐的"；放在这样的地位，德语的形容词就完全和副词一样，如果把它们联系到主词的下一个动词，往往就会产生错误的或至少是含糊的意义。

不过我在这里是在咬文嚼字，好像把那面盾忘掉了。——我说的是阿喀琉斯的盾[5]，因为那幅著名的图画，从古以来就使人尊荷马为画家典范。人们会说，一面盾当然是一个具有物体的对象，不是说诗人不可以描绘这种对象和它的并列的部分吗？而事实上荷马却用一百多行的辉煌的诗句描写了这面盾，描写了它的材料、形式和上面一切人物形象，把这些都塞进盾的巨大面积里，而且描写得精确详细，使得近代画家不难照样把其中一切细节都复制出来。这是什么道理呢？

我现在来回答这个特殊的疑问——用我已经回答过的话，这就是说荷马画这面盾，不是把它作为一件已经完成的完整的作品，而是把它作为正在完成过程中的作品。在这里他还是运用那种被人赞美的技巧，把题材中同时并列的东西转化为先后承续的东西，因而把物体的枯燥描绘转化为行动的生动图画。我们看到的不是盾，而是制造盾的那位神明的艺术大师在进行工作。他带着锤和钳走到铁砧前，先把原铜锤炼成板，然后在他的凿刀之下，用来雕饰盾的那些图景就一个接着一个地显现在我们的眼前。我们无时无刻不看到他，一直到他完工。盾做成了，我们对着那件作品惊赞，但是作为制作过程的见证人而惊赞。

这番话就不能应用到维吉尔所描绘的埃涅阿斯的盾。[6]这位罗马诗人或是感觉不到他的模范的精微处，或是认为他要放在盾上面的那些东西不宜于让我们在它们的制造过程中看见它们。它们都是些预言，而预言从神的口里向我们发出来时，当然不能像诗人后来所解说的那么明确。预言本来就需要一种艰晦的语言，其中未来人物的真姓真名是不宜说出的。而按一切表面情况来说，这些真姓真名对于这位诗人和朝廷宠臣却是至关重要的。但是尽管这一层可以作为他辩护的借口，它却不能消除他由于违反荷马轨范而产生的恶劣效果。凡是具有精细的审美趣味的读者都会赞同我这个看法。在维吉尔史诗里，火神所进行的准确工作几乎和在荷马史诗里一模一样。但是在荷马史诗里，我们看到的不只是准备工作，而是工作本身，而在维吉尔史诗里却不然，他先只就忙碌的火神和他的独眼巨人们约略地描绘了一番：

> 他们开始铸造一面巨大的盾，
>
> 抵挡得住拉丁人所有的刀锋，
>
> 他们焊接上七层，一轮接着一轮，
>
> 有些人忙着鼓动风箱，进风退风，
>
> 有些人把红铁浸到水里，嘶嘶地响，
>
> 铁砧上锤声使地洞震撼呻吟，
>
> 他们举起粗壮的胳膊轮流挥锤，
>
> 用钳子去翻动那熔化的红铁。[7]

接着幕马上就闭了，我们就被转移到另一种场面，从那里诗人逐渐把我们引到一个山谷里，维纳斯女爱神把制成的武器带到那里交给埃涅阿斯。她把武器靠到一棵橡树干上，等到那位英雄观赏够了，赞赏过、摸过、试过之后，诗人才开始描绘盾，一连串的"这里是""那里是""接着就是""离此不远可以看到"之类词句，使得这种描绘既枯燥而又冗长，须得有维吉尔这样诗人的辞藻，才能使人不至感到难以容忍。还有一层，这种描绘并不出于埃涅阿斯之口，他在专心赏玩盾上的人物形象，却不懂它们的意义。

他喜欢那图景，对未来的事迹却茫然无知，[8] 维纳斯女爱神也不懂，尽管她对于她的后裔的未来命运，理应和她的好心好意的丈夫所知道的一样多。[9] 因为这番描绘是出于诗人之口的，在进行描绘的过程中，动作显然就停住了。他的人物之中没有一个人参加这番描绘，盾上所绘的一切对下文也丝毫不发生影响。到处我们可以看出一位有才气的宫廷诗人在露相，用各种阿谀奉迎的暗示来点缀他的题材，但是我们看不出伟大的天才，能靠作品本身的力量去打动人而不屑于使用外在伎俩来逗趣。所以埃涅阿斯的盾只是一段穿插，完全是用来投合罗马人的民族自豪感的，它是一种外来的支流，诗人把它引到主流里去，使主流发生一点动荡。阿喀琉斯的盾却不然，它是它自己的丰饶土壤上的产物：要制造出一面盾来，出自神手的必需品既然不能不美，它也就需要雕饰。但是艺术要避免把这种雕饰当作纯然的雕饰来处理，而要把它织进题材里去，使它借助于题材而呈现给我们，而这种效果只有用荷马的手法才能达到。荷马让火神在雕饰方面显身手，因为他所要制造的那面盾是应该和他的身份相称的。维吉尔却让火神专为雕饰而去制造那面盾，因为在盾早已制成之后，他还认为雕饰重要，应该特别把它描绘一番。[10]

注释

1. 玛楚奥里（Fr.Mazzuoli，1503—1540），意大利画家。他把罗马人劫掠萨宾族妇女成婚以及这些妇女带着劫掠她们的丈夫回娘家讲和的传说摆在一个画面里来描绘。提香（Titian，1488—1576），意大利名画家，特别擅长着色。他所画的浪子回头的故事见《新约》中《路加福音》第十五章。这里所说的两个例子颇似连环画。在西方较早的绘画里往往用连环画法来叙事。

2. 安东·拉斐尔·门斯（Anton Raphael Mengs，1728—1779），德国画家和绘画理论家，著有《关于美以及关于绘画中审美趣味的感想》，下面的引文见该书第 58 页。

3. 参看 11 页注 13。

4. 即没有词尾变化。

5. 阿喀琉斯的盾上雕着城乡各种人物的活动，见《伊利业特》卷十八。

6. 参看 57 页注 1。

7. 见《埃涅阿斯纪》卷八，第 147 至 154 行。

8. 见《埃涅阿斯纪》卷八，第 730 行。

9. 埃涅阿斯的盾上雕的图形尽是后来罗马人事的预言，近于谜语，用意是奉承罗马皇帝和罗马贵族，所以埃涅阿斯和他的母亲女爱神都看不懂。埃涅阿斯被罗马人尊为始祖，所以女爱神的"后裔"指罗马人。她的丈夫就是制盾的火神，对于盾上的预言当然懂得，却没有向女爱神泄露。

10. 在这章里莱辛讨论到绘画一般虽然只描绘某一顷刻，但也可以通过一种艺术手法，把紧接着的两个顷刻中的动作放在一个画面里；重点是后部分，他用荷马所写的阿喀琉斯的盾和维吉尔所写的埃涅阿斯的盾为例，说明前者描绘工作过程，转化同时并列为先后承续，所以生动；后者却只描绘成品，用胪列的方法，所以枯燥。

第十九章

把荷马所描写的盾还原（再造）出来

老斯卡里格、佩罗、特拉生以及其他学者对荷马的盾所提出的指责都是人所熟知的。达西埃、布瓦文和蒲柏对他们的答复也是人所熟知的。[1] 我看后面这几位说得太过分了，他们信任自己的论点正确，说出一些话既不正确，也不足以为荷马辩护。

主要的责难是：荷马塞进盾上面去的那一人堆人物是盾的面积所无法容纳的。为着反驳这个责难，布瓦文就按照所需要的面积尺度，把这面盾画了出来。他认为盾面分成几个同心圆圈。这个看法虽是很巧妙的，但是在诗人语句里找不到丝毫的证据，而且从古代的盾上也找不出这样划分的痕迹。荷马自己说，这是"各面都经过艺术雕琢的盾"，为着找出较多的空间，我宁愿乞援于盾的凹面（背面），因此如大家所熟知的，古代艺术家并不让盾凹面成为一个空白面，菲狄亚斯所造的密涅瓦的盾可以为证。[2] 布瓦文不仅没有利用这个方便，而且还不必要地增加了图形的数目，因此不得不替它们在已减半的面积上腾出地方，本来在诗人作品里显然只是一幅画，而他却把它分成两三幅画。我明白他为什么被迫要这样做，但是他根本就不应该这样做；他不应该去设法满足论敌的要求，而应该证明那些要求根本不正当。

我想用一个例子来把我的话说得更容易懂些。荷马曾这样描绘一个城市：

> 许多人拥挤到广场，
>
> 有两方在进行诉讼，
>
> 为一宗冤死案争论赔偿。
>
> 甲方向群众申诉，要求赔偿，
>
> 乙方为自己辩护，拒绝赔偿，
>
> 双方都要求判官出来裁判，
>
> 双方在群众中都有人呼声喝彩，
>
> 典礼官设法禁止他们喧嚷。
>
> 长老们坐在石磴上，形成圆圈，
>
> 每人从典礼官的手里
>
> 接过来裁判杖，听着供状，
>
> 轮流地宣布他的判词。
>
> 场中央摆着两块金币，
>
> 谁的理直，谁就领这份报酬。[3]

我相信荷马所要写的只是一个画面：那就是就一件凶杀案的巨额赔偿的争辩所进行的公开审判的画面。一位艺术家如果要处理这种题材，就只能采用审判过程中某一个顷刻，或是起诉的一顷刻，或是研究证人供词的一顷刻，或是审判的一顷刻，或是他认为比较便当的，稍前稍后或介乎这些顷刻之间的某一顷刻。这一顷刻他须描绘得尽量富于孕育性，能尽量产生逼真的幻觉，本来艺术比起诗来，在描绘可以眼见的对象方面，更易产生这种逼真的幻觉。

在这方面诗人既然远远落后于画家，他要用文字去描绘这种题材而不至于完全失败，除掉也利用诗这门艺术特有的优点之外，还有什么其他办法呢？这些优点是什么？那就是他有一种自由，能把艺术作品中的某一项刻推广到前一项刻和后一项刻；此外，他有能力不仅把艺术家所揭示的东西揭示出来，而且把艺术家只能让人猜测的东西也揭示出来。只有凭这种自由和这种能力，诗人才能和艺术家争胜。在他们两人所产生的效果都同样生动的时候，他们的作品彼此就显得最相类似；如果诗人通过耳所传达给心灵的东西，并不多于或少于艺术家描绘给眼睛看的东西，情形就不如此。如果布瓦文根据这个原则去评判荷马诗中的段落，他就不至于按照自己觉得其中有几个时间段落，就画出几幅画来。荷马所说的一切固然不能结合成为一幅图画，起诉和辩护，作证和双方群众的喧嚷，典礼官禁止喧哗，乃至判官的宣判，都是先后承续而不能同时并列的。但是用经院派的术语来说，在绘画中虽不是实在的东西却仍是潜在的，如用文字来模仿一幅物质的绘画，只有一个正确的办法，那就是把潜在的东西和实际可以眼见的东西结合在一起，不让自己困守在艺术的局限里；[4]如果困守在艺术的局限里，诗人固然也能罗列一幅画中的细节，但是却决不能画出一幅画来。

布瓦文把被围的城市[5]也分成三幅画。他如果把它分成十二幅，也还是和分成三幅差不多。因为他既然没有抓住诗人的精神，而要求诗人服从物质的图画的整一性，他就会发现有许多地方要破坏这种整一性，因而几乎有必要让诗人的每一句话都要在盾上占一块地方。依我的看法，荷马在盾的全部面积上所分布的图画总共不过十幅，在每幅画开始时，他都安插一句引语，例如"他在那里制造出""他在那里雕成""他在那里摆下"或"跛神[6]在那里描绘出"。在没有这种引语的地方，我们就没有理由假定有一幅独立的画。相反地，在两句引语之间所写的全部事件都只应看作一整幅画，尽管这事件不能纯然任意地集中到时间的某一点上去，因为诗人并不受这样的规矩约束。毋宁说，假如他让这种规矩约束自己，假如他丝毫不让任何在实际描绘中不能结合这个规矩的东西纳入题材里，一句话，假如他完全按照对他吹毛求疵的人们的要求办事，这些吹毛求疵的老爷们固然无话可说，但是具有审美趣味的人也决不能在他的作品中找到什么值得欣赏的东西。

蒲柏不仅对布瓦文的划分和构图感到满意，而且相信他自己还特别有所发现，即布瓦文所划分的图画之中每一幅都遵照近代流行的画艺中的最严格的规矩。他发现这些画最妥当地遵守了反衬、透视和三一律，尽管蒲柏知道很清楚，根据最可靠的证据，特洛伊战争时代的画艺还只是在摇篮里。所以只有两种可能：一种可能是荷马凭他的神明的天才，与其说是遵守特洛伊战争时代或他当时的画艺所能做到的，不如说是揣测到画艺在一般情况下所能做到的；另一种可能是蒲柏感觉到上述那些证据并不那么可靠，并不能压倒那面精工制造的盾所提供的可以眼见的凭证。谁愿相信前一种可能，就由他去相信吧；后一种可能，对于知道艺术史比知道历史学家资料更多的人来说，却是绝对不可信的。因为这种人之所以相信荷马时代的画艺还在幼稚期，不仅是凭老普林尼[7]或旁人的话，而且特别是按照古人所提到的一些艺术作品来判定：从当时起，过了几百年之后，画艺还没有多大的进展。例如波利格诺托斯[8]的绘画还远远经不起那种考验，而蒲柏却认为荷马所描写的盾上的画就已经得起那种考验。泡萨尼阿斯[9]对这位画师为德尔斐神庙画的两幅大画作过详细的描述，这些画显然都没有用透视。古代人丝毫不懂透视这门艺术。蒲柏引来证明荷马已略知透视的那些诗句，都只能证明蒲柏对透视的理解是极不完全的。[10]他说："荷马对透视并不陌生，因为他明确地标志出两对象之间的距离。例如他指出那两个侦探站的地方比其他人物要远一点；收获的庄稼户在下面摆筵席的那棵橡树是隔开来站在那里的；他关于布满着牛羊群、村舍和牲畜栏的山谷所说的话显然就是描绘一幅见出远近透视的风景。就是从盾上的许多人物也可以找到这个论点的证据，这些人物不可能都照他

128

们的实际体积画出，足见按照透视去缩小的技巧是当时人已经掌握了的。"[11] 但是只按照视觉经验，使远的东西比近的东西显得小一点，还远不足以构成一幅画的透视。透视要有一个特别的观点，要有一个明确的自然的视野，而这些正是古代绘画所没有的。波利格诺托斯绘画中的地面并不是横平的，而是在后景部分提高得很多，使得后面的人物仿佛是站在前面的人物头上。如果不同人物或人物组的这种布置在当时带有普遍性（古代浮雕似乎证实了这一点，其中最后面的人物都高出最前面的人物之上，俯视着他们），我们就自然得出这样结论：在荷马的描绘中用的也是这种布置，凡是按照他的手法可以合而为一的几幅画面并无须分割开来。例如在和平城市那一景里，一方面街上走着庆祝婚礼的欢乐的人群，另一方面广场上人们在审判一宗重大的诉讼案件，这两方面并不需要用两幅画来描绘，而荷马确实是把它们看成一整幅画，他是凭高俯视全城，所以能把街道和广场的情景同时摄入眼帘。

依我的想法，绘画中的真正的透视只是在风景画中才偶然发现出来的；就连已发展到完善的地步时，把它的规律应用到一幅单一的画面上，也还远不是一件易事，因为在赫库拉琉城[12]的古代文物中的晚期绘画之中，还可以看出许多违反透视的毛病，在今天如果一个学徒犯了这些毛病，也是罪不容恕的。

不过我在这里不想费心思把我的零散的观察搜集在一起，我希望这里所涉及的问题在温克尔曼先生答应写的艺术史里，可以找到最圆满的答案。[13]

注释

1. 斯卡里格（J.C.Scaliger，1484—1558），意大利文艺复兴时期重要的人文主义者，著有《诗学》；夏尔·佩罗（Charles Perrault，1628—1703），法国诗人和文艺批评家，写过一首论画的诗，在当时古今之争中他和布瓦洛对立，认为今人胜于古人；特拉生（Jean Terrasson，1670—1750），法兰西学院教授，著有《评荷马的伊利亚特》一书；达西埃夫人，参看 11 页注 13；布瓦文（Jean Boivin，1663—1726），法国学者和荷马的崇拜者，著有《为荷马和阿喀琉斯的盾辩护》一书；蒲柏，参看 115 页注 7，他还是荷马史诗的翻译者，在译文后附有评注。

2. 见老普林尼的《自然史》卷三十六。

3. 见《伊利亚特》卷十八，第 497 至 508 行。

4. 例如人物的动作在绘画中只能用物体去暗示，所以是潜在的，实在的是物体；诗用文字来表达这幅画，就可以把动作直接描写出来，不受绘画不能表达动作的局限。

5. 见《伊利亚特》卷十八，第 509 至 540 行。

6. "跛神"即火神，火神跛腿，是盾的制造者。

7. 老普林尼（Gaius Plinius），公元 1 世纪罗马学者，在他的《自然史》里有两卷谈古代艺术史。

8. 波利格诺托斯（Polygnotus），公元前 5 世纪希腊著名画家，他为德尔斐神庙所画的两幅大画，一幅写希腊大军攻陷特洛伊城，开始班师回国；另一幅写奥德修斯访阴曹地府。

9. 泡萨尼阿斯（Pausanias），公元 2 世纪希腊历史学家和地理学家，他游历过希腊全境，著有《希腊游记》，描述人物习俗和七代文物遗迹。

10. 作者原注："为着证明我关于蒲柏所说的话有根据，我想从他的原文中引用一段话，'荷马明确地标出各对象之间的距离，足见他对空中透视（aërial perspective）并不陌生……'，我再说一遍，蒲柏对'空中透视'一词的用法是完全错误的，因为这个词所指的并不是体积随距离愈远而愈缩小，而只是颜色随空气的情况或看时所凭的媒介，而发生变化，愈来愈暗。在这一点上犯错误的人对于透视的整个问题就必然是门外汉。"

11. 见蒲柏的《伊利亚特》英译本卷十八所附的后记：《论阿喀琉斯的盾》。引文中所说的人物活动都是雕在盾上面的。

12. 赫库拉琉城（Herkulaneum）距庞贝城很近，在意大利南部海岸上，在罗马帝国早期很繁华，公元 1 世纪后期毁于火山爆发，全城被埋没在地下。18 世纪 20 年代这座古城才被重新发掘出来，从中发现许多古代文物。

13. 这一章写于 1763 年。温克尔曼的《古代造型艺术史》1764 年出版。在这一章里，莱辛批驳过去各种对于阿喀琉斯的盾的看法，设法说明盾的面积小，何以能容纳那么多的画面。

第二十章

只有绘画才能描写物体美

我宁愿回到我自己的路，[1] 如果一个浪游者也可以说有一条路。

我关于一般物体对象所说的话，如果应用到美的物体对象上去，就更有效。物体美源于杂多部分的和谐效果，而这些部分是可以一眼就看遍的。所以物体美要求这些部分同时并列；各部分并列的事物既然是绘画所特有的题材，所以绘画，而且只有绘画，才能模仿物体美。

诗人既然只能把物体美的各因素先后承续地展出，所以他就完全不去为美而描写物体美。他感觉到，这些因素，如果按先后次第去安排出来，就不可能产生它们在按并列关系去安排出来时所能产生的效果；在把它们历数出来之后，我们纵使专心致志地回顾，也无法获得一个和谐的形象；要想体会某某样的嘴、某某样的鼻子和某某样的眼睛联在一起，会产生什么样的一种效果，这实在是人类想象力所办不到的事情，除非我们回想到在自然或艺术作品中曾经见过这些部分的类似的组合。

在这一点上荷马也是典范中的典范。他说，尼鲁斯[2]美，阿喀琉斯更美，海伦具有一种神人似的美。荷马从来不就这几种美进行详细的描绘，可是他的全部史诗就建筑在海伦的美上面。[3]若是落到近代诗人手里，他会在海伦的美上怎样大放厥词啊!

有一位康斯坦丁·玛拿赛斯[4]就曾想用海伦的描绘来装饰他那部枯燥的编年史。我得感谢他的尝试,因为我实在想不出在旁的地方可以找到一个例子,能更清楚地说明如果一位诗人想去试做荷马由于明智而放下不做的事,他是多么愚蠢。例如下面一段诗:

> 她是一个美人,肤色美,眉毛也美,
>
> 腮帮美,面孔美,大眼睛,雪白皮肤,
>
> 眼睛微洼,说不尽的温柔秀雅,
>
> 双腕皙白,呼吸轻微,仪态万方,
>
> 肤色皎洁,而双腮却是玫瑰红,
>
> 容貌令人销魂,眼睛娇媚清新,
>
> 光辉焕发,天然不假雕饰,
>
> 白色的皮肤夹着玫瑰的绯红,
>
> 像发光的象牙用深红染透;
>
> 颈项长,白得发光,因此人们
>
> 把她叫作天鹅生的美丽的海伦。[5]

我读到这段诗时,仿佛看到把一些石头滚上山头,要用它们在山顶上建成一座堂皇的大厦,但是它们一滚到山顶,又自动地滚下山那边去了。这一大堆辞藻产生了什么样的一种形象呢?海伦的外貌究竟是什么样的?如果有一千人读这段诗,他们不就会想象出一千个不同的海伦吗?

当然,像他那样的一个僧侣的政治性的韵文不能算是诗。我们且来听一听阿里奥斯托[6]怎样描绘他的荡人心魄的阿尔契娜:

她的身材窈窕匀称，
只有大画师才想象得出，
长发卷起，黄的颜色
比起纯金还更光辉灿烂，
温静的双腮白里透红，
白得像莲，红得像蔷薇。
额头像象牙一般光滑，
圆润爽朗，但宽窄合度。

两道漆黑的细眉像两个弧，
下面闪一双黑眼珠像太阳，
娴雅地左顾右盼，秋波流转，
爱神仿佛围绕着它们飞舞，
放射出他箭筒中所有的箭，
许多人的心都成了他的箭靶。
从面孔正中垂下悬胆似的鼻，
神工鬼斧也不能增损毫芒。

她的嘴横陈于两道溪谷之间，
两唇射出天然的银朱的红光，
中间排列着两行雪亮的明珠。
随着唇的张闭，时露时藏。
从这里发出心畅神怡的语言
叫莽撞汉的心肠也会变得温柔；
就从这里发出那嫣然一笑，

瞬息里在人世间展开天堂。

雪般的颈项，乳般的胸膛，

颈项丰润，胸膛宽大而饱满；

两颗象牙制的鲜嫩的苹果，

时起时伏，像海上的微波

随着清风来去，触岸又离岸。

其余部分连阿耳戈斯[7]也窥探不到，

但是不难推想，眼睛看得见的

既然娇娆，看不见的还是一样。

两只胳膊长短合度，不肥不瘦，

一双皙白的手看起来窄而微长，

节骨都暗藏在丰润的皮肤里，

血管的脉络也不突出地露在皮层。

在这苗条而庄严的形体的下方，

露出一双短小而丰润的金莲。

这仙子般的仪容来自天堂，

不许轻纱薄幔将它遮掩。[8]

弥尔顿谈到群魔殿时说道，"有些人赞赏这座建筑，也有些人赞赏它的建筑师"[9]，足见对建筑品的赞赏并不一定就是对建筑师的赞赏。一件艺术作品尽管值得大加称赞，却不一定就可以提高艺术家的声誉。另一方面，一位艺术家可以有理由博得我们的惊赞，尽管他的作品并不能使我们完全满意。如果我们记住这个道理，相反的评判往往是可以协调的。这里的情况就是如此。

多尔切[10]在他的论画的对话里，借阿越提诺之口，对上面引的几节诗作了过分夸大的赞扬。我却引这几章诗作为例证，来说明一幅作品说是图画而实际里面并没有图画。我们双方各有道理。多尔切所赞赏的是诗人在描绘物体美之中所显示的知识，而我们要考察的却是这种知识在表现于文字时对我们想象力所能产生的效果。多尔切根据这种知识来断定，高明的诗人也是高明的画家；而我却根据这种效果来断定，由画家用颜色和线条很容易表现出来的东西，如果用文字去表现，就显得极困难。多尔切把阿里奥斯托的描绘作为一个美人的最完美的形象，推荐给一切画家；而我却把它当作一个最有启发性的教训，警告一切诗人不要去尝试连阿里奥斯托去做也必然要失败的事，如果去尝试，他们一定会失败得更惨。阿里奥斯托在说出：

> 她的身体窈窕匀称，
> 只有大画师才想象得出

这两行诗时，也许显示出他完全理解了比例的学问，而这种学问只有最勤勉的艺术家才能从自然界和古代文物中研究出来。也许单从：

> 温静的双腮白里透红，
> 白得像莲，红得像蔷薇，

这两句诗的文字，就可以证明他是一个最擅长着色的画师，像提香[11]一样。他只把阿尔契娜的头发比作黄金而没有把它叫作金发，人们也可以清楚地推论，他不赞成用真金去着色。人们甚至可以从下垂的鼻子，

> 从面孔正中垂下悬胆似的鼻

见出古代希腊人的鼻形，罗马人后来所画的鼻形也是从希腊画家模仿来的。但是这种博学和高见对于我们这些读者有什么用处呢？我们只想能相信看到的确实是一个美人，从而感觉到在真正见到美人时理应感觉到的那种温柔的血液动荡，这种博学和高见在这方面对我们有什么帮助？如果诗人懂得什么样的比例才构成美的形象，难道我们因此也就懂得吗？如果我们也懂得，他就能使我们在这诗里认出这种比例吗？或则说，要把这些比例的规矩记得很鲜明是很困难的，他能使这种困难减去一丝一毫吗？一个"宽窄合度"的额头，一个"神工鬼斧也不能增损毫芒"的鼻子，一只"窄而微长"的手，这一切普泛的公式能构成什么样的一种形象呢？如果一位图画教师要唤起他的徒弟们注意一个模特儿身上某些美点，说出这番话来，也许还有些用处，因为学徒们只需瞥模特儿一眼，就看出那爽朗的额头宽窄合度，看出鼻子长得极美的线条以及那柔和的纤纤玉手。但是出于诗人之口，我就什么也看不见，就感觉到苦恼，费尽气力也看不出他在描写什么。

在这一点上，维吉尔颇能仿效荷马，含毫不吐，所以也相当成功。他所写的狄多也不过是"绝美的狄多"。等到他要把她描写得详细一点，他就描写她的珍贵的装饰和华丽的衣裳：

> 最后，她走了出来……
> 身披着西顿袍[12]，镶着花边，
> 箭筒是纯金，发扣也是纯金，
> 朱红的猎衣也用金扣束起。[13]

古代有一位艺术家[14]看见他的徒弟把海伦画成满身装饰，就向他说，"你画不出她的美，才画出了她的富"。如果有人把这句话应用到上面引的诗句，维吉尔就会回答说，"画不出她的美，这并不是我的过错，只怪我这门艺术有它的界限；应该称赞我谨守了这种界限"。

　　我在这里不应该忘掉阿那克里昂的两首歌，在这两首歌里，他描绘了他所钟情的女子和他的巴吐鲁斯两人的美。[15] 他所用的手法使一切都写得妥妥帖帖。他假想面前有一位画家，亲自看着他画。他吩咐画家说："替我把头发画成这样，额头这样，眼睛这样，嘴这样，颈项和胸膛这样，手和臀部这样！"凡是画家只能一部分接着一部分地配合在一起的东西，诗人也就只一部分接着一部分地吩咐画家怎样去画。他的意图并不在于使我们从这些对画家的口头指示中，认识到而且感觉到所爱对象的全部的美；他自己就觉得它是不能用文字来表现的，所以他就求援于绘画的表达方式，这就大大地增强了这种表达方式的逼真幻觉，使得全诗是在礼赞画艺而不是在礼赞他所钟情的人。他看到的不是那俊童的画像而是那俊童自己，他相信他正要开口说话：

　　　　够了！他已经站在我跟前了！
　　　　画像啊，马上你就要说起话来了！

在写巴叶鲁斯的诗里，对这位俊童的赞扬也和对画艺和画家的赞扬交织在一起，使人难于猜测阿那克里昂写这首歌，究竟是歌颂谁。他从许多不同的绘画作品中搜集最美的部分，而这些部分的美又是典型的（见出特征的），例如从一幅阿多尼斯的肖像中借来颈项，从一幅交通神的肖像中借来胸部和手，从一幅波吕克斯的肖像中借来大腿，从一幅酒神巴克斯的肖像中借来腹部，直到他从画家画成的一幅阿波罗的肖像中看出他的巴吐鲁斯全身：

　　　　在这俊俏的面孔下，
　　　　画上阿多尼斯的颈项，
　　　　色泽应像象牙。

替他从赫耳墨斯那里

借来胸部和双手。

大腿要用波吕克斯的,

从酒神那里取腹部和臀部……

把这座阿波罗稍加点染,

替我画成巴吐鲁斯。

除掉援用古代艺术家的最美的女雕像之外,路西安也想不出有什么更好的办法,去使人体会到潘提亚的美。[16] 这就不啻承认在这里单靠语言是软弱无力的,如果艺术不在某种程度上做它们的翻译,诗就会口吃,而修辞术也就变成哑巴。[17]

注释

1. 莱辛在第十五章和第十六章提出他的主要论点之后，在第十七和第十八章举了一些例证来说明他的论点。在例证之中他着重地讨论了阿喀琉斯的盾，因而在第十九章他多少离开了本题，就阿喀琉斯的盾上图画的安排进行了一些考古学的讨论。在本章他才回到诗画界限的主题。

2. 尼鲁斯是希腊将领中的美男子，见《伊利亚特》卷二，第 671 至 674 行。

3. 荷马史诗的主题是特洛伊战争，而这场战争起于斯巴达王后海伦和特洛伊王子帕里斯的私奔。

4. 康斯坦丁·玛拿赛斯（Constantine Manasses），公元 12 世纪希腊编年史学家。他用自由诗体写了 1081 年以前的世界编年史。

5. 玛拿赛斯《世界编年史》，第 1157 行以下。

6. 阿里奥斯托（Ariosto，1474—1533），文艺复兴时期意大利诗人，他的杰作《疯狂的罗兰》是一部传奇体叙事诗，写中世纪基督教徒和回教徒在法国和西班牙的斗争。罗兰是基督教军队的主将，阿尔契娜（Alcina）是诗中所写的一个极美的女巫。

7. 阿耳戈斯（Argus），希腊神话中的"百眼神"。

8. 见《疯狂的罗兰》第七章，第 11 至 15 节。

9. 见《失乐园》卷一，第 748 行。

10. 多尔切（L. Dolce，1508—1568），意大利学者，著有《阿越提诺》（Aretino）论画的对话。在对话里他说过："如果一位画家想找到一个美女的理想，他最好细读阿里奥斯托描绘女巫阿尔契娜的那几节诗。他同时会认识到在什么程度上高明的诗人也是高明的画家。"

11. 参看 123 页注 1。

12. 西顿（Sidon），古代腓尼基的工商业城市，即现黎巴嫩的赛达港，以产丝绸著名。

13. 见《埃涅阿斯纪》卷四，第 136 行以下。

14. 指古代画家宙克西斯（Zeuxis）。

15. 阿那克里昂（Anakreon），公元前 6 世纪希腊抒情诗人，现在所流传的他的诗大半是后人的仿制品。莱辛所引的诗是他的《颂歌》第二十八和第二十九两首。巴吐鲁斯（Bathyllus）是诗人所宠爱的俊童，古希腊盛行男风。

16. 路西安（Lucian），公元 2 世纪希腊诗人。潘提亚（Panthea）是当时一位罗马皇帝的情妇。

17. 本章论证诗不宜用胪列的方法描绘美的物体各部分。

第二十一章

诗人就美的效果来写美

　　如果从诗里排除掉一切关于物体美的图画，这对于诗是否就是一个很大的损失呢？谁说要从诗里排除掉这种图画呢？如果诗希望追踪它的姊妹艺术而描绘这种物体美，结果就只会战战兢兢地跟在她后面追赶，而永远达不到她所能达到的目标；我们要鼓励诗抛弃这条路，难道我们因此也就禁止诗走另一条路，即艺术也会永远追不上诗的那条路吗？

　　荷马故意避免对物体美作细节的描绘，从他的诗里我们只偶尔听到说海伦的胳膊白，头发美之类的话。但是尽管如此，正是荷马才会使我们对海伦的美获得一种远远超过艺术所能引起的认识。试回忆一下他写海伦走到特洛伊国元老们的会议场里那一段诗。这些尊贵的老人看见了海伦，就彼此私语道：

> 没有人会责备特洛伊人和希腊人，
>
> 说他们为了这个女人进行了长久的痛苦的战争，

> 她真像一位不朽的女神啊！[1]

能让冷心肠的老年人承认为她战争，流了许多血和泪，是值得的，有什么比这段叙述还能引起更生动的美的意象呢？

凡是不能按照组成部分去描绘的对象，荷马就使我们从效果上去感觉到它。诗人啊，替我们把美所引起的欢欣、喜爱和迷恋描绘出来吧，做到这一点，你就已经把美本身描绘出来了！萨福[2]一见到她所钟情的人，就感到心荡神迷，有谁会想到这个男子会丑呢？既然感觉到只有最完美的形象才能引起的情感，谁不自信亲眼看到那种最完美的形象呢？并不是因为奥维德把他的莱斯比亚[3]的身体美按照各部分逐一指给我们看：

> 我谛视和抚摸的背和手是多么温柔啊！
> 我拥抱的那丰满的胸脯多么像微波起伏啊！
> 胸脯下那纤细的腰身多么窈窕啊！
> 微呈曲线的臀和腿多么年轻俊俏啊！

而是因为他在指出这些美点时，表现出一种令人销魂的陶醉，我们才仿佛觉得自己也在欣赏他所欣赏的那个俊美形象。

诗想在描绘物体美时能和艺术争胜，还可用另外一种方法，那就是化美为媚。媚就是在动态中的美，因此，媚由诗人去写，要比由画家去写较适宜。画家只能暗示动态，而事实上他所画的人物都是不动的。因此，媚落到画家手里，就变成一种装腔作势。但是在诗里，媚却保持它的本色，它是一种稍纵即逝而却令人百看不厌的美。它是飘来忽去的。因为我们回忆一种动态，比起回忆一种单纯的形状或颜色，一般要容易得多，也生动得多，所以在这一点上，媚比起美来，所产生的效果更强烈。阿尔契娜的形象到现在还能令人欣喜和感动，就全在她的媚。她那双眼睛所留下的印象不在黑和热烈，而在它们：

娴雅地左顾右盼，秋波流转，

爱神绕着它们飞舞，从它们那里放射出他箭筒中所有的箭。她的嘴荡人心魄，并不在两唇射出天然的银朱的光，掩盖起两行雪亮的明珠，而在从这里发出那嫣然一笑，瞬息间在人世间展开天堂；从这里发出心畅神怡的语言，叫莽撞汉的心肠也会变得温柔。她的乳房令人销魂，并不在它皙白如鲜乳和象牙，形状鲜嫩如苹果，而在时起时伏，像海上的微波，随着清风来去，触岸又离岸。我敢说，只消把这些媚态集中在一两节诗里，就会比阿里奥斯托所写的那五节诗还能产生更好的效果，他在那五节诗里把那个美的形象的一些冷冰冰的细节零星罗列出来，交织在一起，学究气太重了，不能引人入胜。[4]

阿那克里昂也宁愿显得不顾情理，要求画家做不可能的事，而不愿让他所钟情的人在画像上现不出媚态：

让所有的司美的女神
都围绕着她那微凹的双腮，
和玉石般的颈，翩翩飞舞。[5]

她的轻盈的腮和玉石般的颈都让司美的女神们围绕着它们飞舞，他这样吩咐画家。怎样画？按照准确的字面的意义吗？这是绘画所办不到的。画家只能在腮上画上最美的曲线，最可爱的笑靥（"微凹"似指笑靥，即酒窝），在颈上涂上最艳丽的肉红，但是他的巧技也就止于此了。至于颈项的转动，使笑靥时现时隐的那种筋肉的活跃颤动，那种特别的媚态，却是画家所无法画

145

出的。上述诗人尽了他那门艺术的能事，用语言把美表达成为可用感官接触的，以便使画家也可以在画艺中设法找到最高度的表情。这个新例证也可以证明上文所提到的原则：诗人就连在涉及艺术作品时，也不肯让自己在描绘中受到画艺的局限。[6]

注释

1. 见《伊利亚特》卷三，第156至158行。

2. 萨福（Sapho），公元前7世纪希腊女诗人。她的诗大半抒写热烈的爱情，传说她对法翁（Phaon）患单相思，绝望投海自杀。

3. 参看57页注6。这里"莱斯比亚"（Lesbia）是"科琳娜"（Corinna）之误。引文见奥维德的《情诗集》卷一。

4. 参看上章所引的阿里奥斯托歌颂阿尔契娜的诗。

5. 参看139页正文和141页注15。

6. 这是《拉奥孔》中常被人援引的一章，莱辛认为诗人如果想描绘物体美，最好是只描绘美所产生的效果，或是化美为媚（动态的美）。我国古诗《陌上桑》写罗敷的美说："……行者见罗敷，下担捋髭须。少年见罗敷，脱帽着帩头。耕者忘其犁，锄者忘其锄。来归相怨怒，但坐观罗敷。"就是就效果写美。《诗经》的《卫风》写女子的美说，"手如柔荑，肤如凝脂，领如蝤蛴，齿如瓠犀，螓首蛾眉，巧笑倩兮，美目盼兮"，前几句胪列静态，后两句化美为媚，效果迥殊，也可以参证。

第二十二章

诗与画的交互影响

宙克西斯画过一幅海伦像，而且有勇气把荷马描述惊羡的元老们招认所感到的情感的那些名句题在画下面。诗与画从来不曾有过这样的竞赛。胜负还不能判定，双方都值得受最高奖。

正如这位明哲的诗人明知美不能按照它的组成部分去描绘，所以就从美的效果上去显示美，这位同样明哲的画家也只就美的组成部分去显示美，认为应用任何其他法术，对他那门艺术都是不恰当的。他的画里就只有海伦一个人的形象，赤裸裸地站在那里。很可能，这就是他替克罗顿人画的那一幅海伦像。[1]

为着满足好奇心，我们试把这幅画和克路斯伯爵根据荷马的诗句来替代近代画家设计的那幅画摆在一起比一比。克路斯的指示是这样："海伦由一幅白色障面纱掩盖起，出现在几位老人中间，其中有普里阿摩斯[2]，从他的国王的标志可以认得出。艺术家必须特别下功夫去描绘那些老人们的热情的眼色以及面孔上所流露的惊喜神情，以便使我们感觉到美的胜利。布景是在特洛伊的一个城门楼上。背景可以逐渐消失在露天的景色中，或是背靠城市中更高的建筑。前景要比较宏壮，不过前景和背景都要很相称。"[3]

　　姑且假定这幅画是现代一位最大的画家画的，拿它来和宙克西斯的画比较一下，哪一幅能显示出真正的美的胜利呢？是后一幅，即在其中可以感觉到美本身的那一幅，还是前一幅，即须从那些灰胡子老人在激动中所做的鬼脸去窥测美的那一幅呢？古语说得好，"老年人的爱情表现是丑恶不堪的"，一种贪恋的眼色就使得最可尊敬的面孔也显得可笑，一个老年人露出青年人的情欲，就成了一个讨人嫌的对象。对荷马所写的老年人，你决不能提出这样的责难，因为那些老年人所感到的情绪只是一霎时的火焰，马上就被他们的智慧熄灭掉了；本来这种情绪是为着显示海伦的光荣，而不是替那些老人自己带来羞耻的。他们招认了自己的情感，但是马上就加了一句：

> 但是不管她有多么美，还是让她回希腊去，
> 免得她留在这里，让我们和我们子孙再遭殃。[4]

假如不作出这个决定，他们就会成了一些老笨蛋，而在克路斯所设计的那幅画里，他们就显得确实是些老笨蛋。他们的贪恋的眼色究竟向着什么呢？是向一个戴面具的披障面纱的形体。这就是海伦吗？克路斯为什么让她披障面纱，我看这简直是不可理解的。荷马固然明确地说她戴了障面纱：

> 她拿一幅障面纱披在头上
> 眼含泪珠，走出了寝室……[5]

但是她披障面纱，是因为要走过街道。如果在她还未卸下障面纱或把它推到头后之前，那些老年人就已显出他们的惊羡，那就说明他们并不是初次看见

她，因此，他们招认自己的情感，不是起于当时那一瞬间的会晤；他们可能早已感觉到这种情感，而这一次才招认。在这一幅画却丝毫见不出这种情况。如果我在这里面看到惊羡的老人，我当然就希望马上看到使他们惊羡的究竟是什么；而我所看到的却不过是像上文所说的一个戴面具的披障面纱的形态，而他们热情凝视的却是这种形态。这里面究竟能见出海伦的几分姿色呢？见出的是她的白色的障面纱，另外就是在服装裹着的情况之下所能看见的她的停匀的轮廓。不过克路斯伯爵也许无意要把海伦的面孔遮盖起来，他提到那幅障面纱，不过是作为她的服装一部分。但是他的原话（"海伦由一幅白色障面纱遮盖起"）却不可能作这种解释。纵使它可以作这种解释，我就发现到另一件令人觉得奇怪的事了。克路斯在给画家的指示中很细心地谈到那些老人面部的表情，而对海伦面部的美竟只字不提。这种端庄的美，眼中含着忏悔的闪光的泪珠，战战兢兢地走上前来——怎样画呢？这种最高度的美对于我们的画家们就那么熟悉，用不着提示吗？是否表情比美还更重要呢？我们在图画里是否也像在舞台上那样惯于把最丑陋的女演员看成妩媚的公主，只要她的王子向她热情地说出一套爱慕的话就行呢？

说实话，拿克路斯所设计的画去比宙克西斯的画，就如同拿哑剧去比最崇高的诗。

毫无疑问，古代人阅读荷马，要比现代人更辛勤。但是我们在记载中却发现不出古代艺术家们曾大量地从荷马所描绘的图画里去取材。好像只有诗人关于特殊的物体美的暗示才被古代艺术家们辛勤地利用过；他们画过这些，而且他们很清楚地感觉到，只有在描绘这类对象方面，他们才可以和诗人争胜。除掉海伦以外，宙克西斯还画过珀涅罗珀[6]，而亚帕勒斯所画的月神狄安娜也是荷马所写的狄安娜，由她的女仙们随从着。趁这个机会，我想提到老普林尼记载后一幅画的那一段话尚须校正。[7]古代画家并不大爱用荷马诗中情节来作画，单单因为那些情节可提供富丽的构图，突出的对比和艺术性

151

的光彩，这些似乎并不合古代艺术家们的口味，而且这也不可能合他们的口味，只要画艺还守住它的最崇高使命的较窄狭的界限。[8] 所以他们要从诗人荷马的精神中吸取营养，用他的最崇高的特征来充实自己的想象，用他的热情的火焰来点燃自己的热情；他们学着像荷马那样观察事物和感觉事物。他们的作品之所以带有荷马的烙印，并不是像一幅画像带有所画人物的烙印，而是像儿子带有父亲的烙印；既相类似，又各不同。类似往往只在于某一个特点上，在其余方面它们却毫无共同之处，只有在这一个类似的特点上，它们才是协调一致的。

此外，由于荷马的诗歌杰作比任何绘画杰作都更古老，由于在菲狄亚斯[9]和亚帕勒斯之前，荷马就已用画家的眼睛去观察自然，所以难怪艺术家们发现对他们特别有用的各种观察，在他们自己在自然界去探索之前，早已由荷马探索出来了；于是他们就热心地抓住这些观察，以便通过荷马去模仿自然。菲狄亚斯承认过：

　　宙斯说完话，就竖起黑眉点头，

　　神圣的头发在那不朽的头上卷到前方，

　　于是那高峻的奥林匹斯都震颤起来……[10]

这几行诗就是他所雕的奥林匹斯的朱庇特的蓝本，只有由于这几行诗的启发，他才成功地雕出那种天神的容颜，"几乎是从天上搬下来的"。如果有人认为这句话所指的不过是艺术家的想象受到了诗人的崇高形象的启发，所以才有能力作出这样崇高的表现，那么，我看他就忽视了最本质的东西，只满足于很一般的东西，而在这里，为着得到一种远较基本的满足，就须指出很特殊的东西。依我的看法，菲狄亚斯也承认了他首先从这几行诗里看出眉毛上可以有很多的表情，能显示出"多少灵魂"。也许这几行诗也使他在头发上下了更多的工夫，以便在一定程度上把荷马所说的"神圣的头发"表现出来。在菲狄亚斯以前，古代艺术家确实不大懂得容貌的意义和表现力，特别是对头发不注意。据老普林尼的记载，就连米隆 [11] 在这两点上也还露出瑕疵，在他以后，毕达哥拉斯·里昂提弩斯 [12] 才是第一位以表现美发擅长的艺术家。菲狄亚斯从荷马所学习到的东西，旁的艺术家们从菲狄亚斯学习到了。

我还可以举一个我一向很喜欢的例子。让我们回想一下荷加斯 [13] 关于伯尔维多的阿波罗所说的话。他说："这座阿波罗雕像和安提弩斯雕像都陈列在罗马的同一座宫殿里。如果安提弩斯雕像使观众欣羡，阿波罗雕像却使观众惊奇，像游客们所说的，这是由于它显出一种难以名状的超人的仪表。他们还说，如果细加考察，阿波罗雕像有些比例失调的地方，就连普通的眼力也很容易看出，所以它所产生的效果更令人惊奇。我们英国的一位最好的雕刻家新近到罗马走了一趟，就专为去看这两座雕像。他向我证实了上面所说的话，特别是在阿波罗的雕像上腿和脚比起上身显得太长太宽。意大利一位最大的画家安德烈亚·萨基 [14] 似乎也抱有同样的看法，否则他在表彰音乐家巴斯夸里尼的那幅阿波罗画像时（这幅名画现藏在英国），就不大可能用和安提弩斯雕像完全一样的比例，因为在其余部分这幅画简直就像是阿波罗雕像的摹本。尽管我们经常看到一些伟大的艺术作品在细小部分很不注意，在这座阿波罗雕像上，我们所看到的却不是这种情况。对于一座美的雕像来说，正确的比例是组成它的美的重要因素，足见阿波罗雕像的双腿是故意延长了的，因为如果不是艺术家故意要把它们延长，他本来很容易避免延长。所以我们如果就这座雕像的形态细加考察，我们就有理由下结论说，前此人们所认为是这座雕像的一般形状中的不可名状的优美，其实是它的某一部分的仿佛是一种瑕疵的东西所造成的。"荷加斯的这一番话是很有启发性的，我还想补充一点，荷马早就已感到而且指出单凭扩大腿和脚的尺度，就可以产生一种崇高的仪容。安忒诺耳在比较奥德修斯和墨涅拉俄斯二人的形状时 [15]，曾经说过："当两人都站着的时候，墨涅拉俄斯肩膀宽，显得高一些；但是当两人都坐着的时候，奥德修斯却显得更魁梧。"所以就坐相而论，奥德修斯比墨涅拉俄斯较占便宜，从此就很容易断定他们每个人的腿和脚与上身的比例，奥德修斯上身的比例较大，而墨涅拉俄斯则脚和腿的比例较大。[16]

注释

1. 宙克西斯（Zeuxis），公元前 5 世纪希腊大画家。他的名画《海伦》是为克罗顿（Croton）城邦画的。他在这幅画下面抄下荷马写海伦的那行诗（见上章引文）。传说宙克西斯把这城里美女召集在一起，集中她们容貌的优点画出了《海伦》。亚里士多德在《诗学》第二十五章里谈艺术理想化时，曾举宙克西斯为例。

2. 参看 11 页注 13。

3. 引自克路斯的《从〈伊利亚特〉中所找出的一些画面》。

4. 见《伊利亚特》卷三，159 至 160 行。

5. 见《伊利亚特》卷三，第 141 行。

6. 珀涅罗珀（Penelope），奥德修斯的妻子。荷马曾详细描述她拒绝许多求婚者的场面。

7. 莱辛在原注中就老普林尼记载亚帕勒斯的一段话做了文字上的考订，嫌烦琐，未译。

8. 莱辛认为画艺主要描绘物体美。

8. 菲狄亚斯（Pheidias），公元前 5 世纪希腊大雕刻家。

10. 奥林匹斯是希腊诸神所居住的高山。这几行诗见《伊利亚特》卷一，第 528 行以下。

11. 米隆（Myron），公元前 5 世纪希腊雕刻家。老普林尼说他只求形不求神，画法仍按照很粗疏的老方法。

12. 参看 18 页注 16。

13. 荷加斯（W.Hogarth，1697—1764），英国名画家和画论家，著有《美的分析》，讨论美的形式方面的因素。该书第九章论比例时谈到梵蒂冈伯尔维多宫（梵蒂冈艺术珍品陈列室，意译"好景厅"）的阿波罗雕像和安提弩斯（罗马帝国赫竺里安所宠爱的美男子）雕像。拉奥孔雕像群也藏在梵蒂冈的伯尔维多宫。

14. 安德烈亚·萨基（Andrea Sacchi，1599—1661），意大利画家。过去西方艺术家替现实人物造像，往往借用神或古代英雄的形象，所以萨奇把当时一位不甚知名的歌唱家画成阿波罗。这幅画像在形态上像阿波罗雕像，而在比例上却像安提弩斯雕像，腿和脚没有阿波罗雕像的那么长。

15. 见《伊利亚特》卷三，第 210 行。安式诺耳（Antenor）是特洛伊派往希腊大军讲和的使臣。奥德修斯和墨涅拉俄斯都是希腊方面的将领。

16. 在本章中莱辛论证古代艺术家向荷马学习的首要是他的崇高的精神、热烈的情感和观察事物的眼光，而不是忽视诗与画的界限，模仿他所描绘的细节；但这也不等于说，荷马在这些细节上就是无可学习的。他就克路斯所拟的海伦画像和宙克西斯的海伦画像进行了比较，来说明他的论点。

第二十三章

诗人怎样利用丑

如果某一单独部分不妥帖，它就会破坏由许多部分造成美的那种和谐的效果，但是对象还不因此就显得丑。丑要有许多部分都不妥帖，而这些部分也要是一眼就可看遍的，才能使我们感到美所引起的那种感觉的反面。

因此，按照丑的本质来说，丑也不能成为诗的题材；不过荷马却曾在忒耳西忒斯[1] 身上描绘出极端的丑，而且是按照这种丑的各个并列部分来描绘的。为什么荷马在描写美时所小心避免的事，在描写丑时他却肯做呢？通过各个组成部分的先后列举，丑的效果是否受到削减，正如通过各个组成部分的先后列举，美的效果就受到破坏那样呢？

当然要受到削减，荷马的道理也正在此。正因为丑在诗人的描绘里，常由形体丑陋所引起的那种反感被冲淡了，就效果说，丑仿佛已失其为丑了，丑才可以成为诗人所利用的题材。诗人不应为丑本身而去利用丑，但他却可以利用丑作为一种组成因素，去产生和加强某种混合的情感。在缺乏纯然愉快的情感时，诗人就须利用这种混合的情感，来供我们娱乐。

这种混合的情感就是可笑性和可怖性所伴随的情感。

荷马使忒耳西忒斯显得丑，为的是使他显得可笑。但是他之所以可笑，也不单是因为丑；因为丑是不完美，要显得可笑，就须有完美和不完美来对比或反衬。这是我的朋友门德尔松[2]的话，我想补充一句：这种对比不宜过分尖锐或过分刺眼；再用画家的术语来说，"反衬色调"（opposita）必须是彼此可以融合的。例如聪明而正直的伊索[3]据说是和忒耳西忒斯一般丑，却不因此而就显得可笑。只有愚蠢的僧侣才以伊索的丑陋为理由，把他的富于启发性的寓言中的"可笑性"，移置到作者本人身上去。[4]一个丑陋的身体和一个优美的心灵正如油和醋，尽管尽量把它们拌和在一起，吃起来还是油是油味，醋是醋味。它们并不产生一个第三种东西；那身体讨人嫌，那心灵却引人喜爱，各走各道。丑陋的身体只有在同时显得脆弱而又病态，妨碍心灵自由活动的表现，因而引起不利的评判时，嫌厌和喜爱才融合为一体，但是所产生的新东西却不是可笑性而是怜悯；那对象如果没有这种情形，本来会受到我们尊敬，因为有这种情况，就变成逗趣的了。丑陋而病态的蒲柏对他的朋友们，一定要远比漂亮而健康的韦乔理对他的朋友们更能逗趣。[5]但是尽管忒耳西忒斯不能单因为丑就显得可笑，他要显得可笑，却也不能不显得丑。他的丑以及这种丑和他的性格的协调，这两个因素和他的妄自尊大之间的矛盾，他的恶意的闲言蜚语只给自己丢脸而却无害——这一切必须结合在一起，才会使他显得可笑。最后的一点就是亚里士多德认为可笑事物所必不可少的那种"无害性"。[6]我的朋友门德尔松也认为可笑性有一个必要条件：上述完美和不完美的对比应该是不太重要的，不应引起我们考虑到利害关系。试假想忒耳西忒斯对阿伽门农的诋毁使他自己遭到更大的祸事，不只是被打出两道血痕而是断送了性命，在这种情况下，我们就不会再拿他来取笑。因为这个怪物似的人毕竟还是一个人，而人的毁灭对于我们来说，比起他的一切弱点和罪恶，还是一种更大的凶事。要体会到这个道理，读者最好去读一读昆图斯·卡拉伯叙述忒耳西忒斯的结局的那一段文章。[7] 阿喀琉斯打死了彭忒西勒亚，觉得很悲伤：她的美，浸在勇敢流出的血里，引起了这位英雄的尊敬和怜悯，[8] 而尊敬和怜悯就变成了爱。但是诽谤成性的忒耳西忒斯却把这种爱说成是阿喀琉斯的罪行。他痛骂那连最英勇的战士也会为之神魂颠倒的淫欲，说：

> 它会使人疯狂，
>
> 连最有理智的也在所不免，

阿喀琉斯动了怒火，一句话不说，就狠狠地打了他一顿耳光，打得他齿落血流，登时就断了气。这太狠毒了！这位暴戾杀人的阿喀琉斯对于我来说，比起那心怀恶意而狂吠的忒耳西忒斯还更可恨。希腊人看到这种残杀情景所发出的欢呼声使我生气。狄俄墨得斯[9] 在抽刀对着凶手，要为他的亲属报仇，我要站在他那一边，因为我感觉到忒耳西忒斯也是我的亲属，也是一个人。

  但是姑且假定忒耳西忒斯的谗言引起了叛乱，而作乱的人们果真上了船，把他们的将领背信弃义地抛在后面，让他落到渴求报复的仇人手里，于是天神就降灾示惩，使全舰和全军都遭到覆没，在这种情况下我们又如何看待忒耳西忒斯的丑恶呢？如果无害的丑恶可以显得可笑，有害的丑恶在任何时候却都是令人恐怖的。我不知道还有什么能比莎士比亚的两段话更足以说明这一点。他的《李尔王》里的爱德蒙——葛罗斯特伯爵的私生子——在大逆不道上并不亚于理查，即葛罗斯特公爵，这位公爵曾通过最凶恶的罪行，登上王位，登位时叫作理查三世。为什么比起理查来，爱德蒙不那么叫人感到毛骨悚然呢？这位私生子说：

> 自然，您是我的女神，你的法律

159

约束着我怎样为人处世，为什么我要听

习俗那瘟神摆布，让各国的琐屑成规

剥夺我的权利，只是因为比一位哥哥

迟生十来个月？为什么就算私生子？

为什么就卑贱？我比清白母亲的儿子

身材一样结实，心灵一样宽宏高贵，

容貌一样端正。为什么在我们身上打下

卑贱和私生子的烙印？卑贱？卑贱？

我们来自自然情欲的偷偷摸摸的发泄，

就得到更多的生命和更强烈的品质，

不像那些公子哥儿，是父母躺在床上，

困倦无聊，在半睡半醒之间造出来的。[10]

这里我听到的是一个恶魔在说话，但是我看到的却是一个光明天使的形象。
但是当葛罗斯特公爵说：

可是我呢，天生我一副畸形陋相，不适于调情弄爱，

也无从对着含情的明镜去讨取宠幸；

我比不上爱神的风采，

怎能凭空在婀娜的仙姑面前昂首阔步；

我既被卸除了一切匀称的身段模样，

欺人的造物者又骗去了我的仪容，

使得我残缺不全，不等我生长成形，

便把我抛进这喘息的人间，

加上我如此跛跛踬踬，满叫人看不入眼，

160

甚至路旁的狗儿见我停下，也要狂吠几声；

说实话，我在这软绵绵的歌舞升平的年代，

却找不到半点赏心乐事以消磨岁月，

无非背着阳光下窥看自己的阴影，

口中念念有词，埋怨我这废体残形。

因此，我既无法由我的春心奔放，

趁着韶光洋溢卖弄风情，

就只好打定主意以歹徒自许，

专事仇视眼前的闲情逸致了。[11]

　　我听到的是一个恶魔在说话，我看到的也还是一个恶魔，一个只有恶魔才会有的形象。[12]

161

注释

1. 忒耳西忒斯（Thersites）是荷马在《伊利亚特》卷二里所描写的一个形容丑陋、性格恶劣、爱诽谤人的人物。当他诽谤阿伽门农时，奥德修斯痛打了他一顿。

2. 摩西斯·门德尔松（Moses Mendelssohn，1729—1786），德国哲学家和美学家，莱辛的好友。他的论丑与可笑性的见解见他的《哲学著作》卷二。

3. 伊索（Aesop），公元前6世纪希腊作家，即《伊索寓言》的作者。他作为奇丑人物的典型，是比较迟的一种传说，在当时记载中找不出证据。

4. 14世纪僧侣普朗德斯（Maximus Plaundes）根据《伊索寓言》写伊索的传记，才说他奇丑，口吃。

5. 蒲柏，参看115页注7，他少年多病，发育不全。威廉·威彻利（William Wycherley，1641—1716），英国喜剧作家。莱辛说蒲柏"更能逗趣"，是指他的身体有缺陷，更易引起同情。事实上，蒲柏并不是一个可逗趣的人。

6. 见亚理士多德的《诗学》第五章："可笑的东西是一种对旁人无害的、不致引起痛感的丑陋或乖讹。"

7. 见卡拉伯的《补遗》（Paralipomena）卷一，第720至775行。

8. 彭忒西勒亚（Penthesilea）是阿玛宗族（女英雄国）的将领，带领她的女英雄们援助特洛伊人，在交战中为阿喀琉斯所杀死。阿喀琉斯事后觉得她英勇可钦佩，不免哀悼。忒耳西忒斯因此诬蔑阿喀琉斯对她起淫欲，阿喀琉斯就把他打死。

9. 狄俄墨得斯（Diomedes），希腊远征军将领之一，他为亲属（按文义，就是忒耳西忒斯）报仇事不详（《伊利亚特》里没有提到这件事，可能见卡拉伯的诗里）。

10. 见莎士比亚：《李尔王》第一幕第二场。

11. 见莎士比亚：《理查三世》第一幕第一场。引用《莎士比亚全集》（1978，人民文学出版社）第六卷方重的译文。

12. 第二十章至二十三章，关于美与丑的差别，参看附录笔记关于第一卷的第二条。在本章里莱辛指出诗不可写美，却可写丑，因为并列部分的丑在先后承续的描述中效果就会减弱；诗把一个人物写得丑，用意在使他显得可笑，因此丑与喜剧性是密切联系的。

第二十四章

丑作为绘画的题材

从此可见，诗人可以运用形体的丑。对于画家，丑有什么用途呢？就它作为模仿的技能来说，绘画有能力去表现丑；就它作为美的艺术来说，绘画却拒绝表现丑。作为模仿的技能，绘画可以用一切可以眼见的事物为题材；作为美的艺术，绘画却把自己局限于能引起快感的那一类可以眼见的事物。

但是经过模仿，不愉快的情感是否也可以引起快感呢？并不是一切都能如此。一位锐敏的艺术批评家[1]对于嫌厌说过这样的话："畏惧、忧愁、恐怖、怜悯之类表象，只有当我们把有关灾祸看作是实在的时候，才会引起反感。如果我们想到它是一种艺术的假象，这些情感就会转化为快感。但是嫌厌那种反感却不如此，按照想象的规律，不管把对象看成实在的还是虚拟的，只要心里一想到嫌厌的对象，反感就立刻起来。尽管明知其为艺术虚构，这对遭到伤害的心情有什么裨补呢？这时心里之所以起反感，并不是由于假定那引起嫌厌的坏东西是实在的，而只是由于它的单纯的表象，因为那表象却是实在的。所以嫌厌的感觉的起因永远是自然，而不是模仿。"

这个道理也适用于形体的丑。这种丑看起来不顺眼，违反我们对秩序与和谐的爱好，所以不管我们看到这种丑时它所属的对象是否实在，它都会引起厌恶。我们不乐意看到忒耳西忒斯这种人，无论他是在自然里还是在图画里。纵使他的画像所引起的反感较轻，这也不是因为他的形体的丑在模仿中不再成其为丑，而是因为我们有能力把他的丑撇开不想，只去欣赏画家的艺术。但是一旦想到在这里艺术用得不得其所，这种欣赏就会立刻被打断，对艺术家不免就鄙视起来。

亚里士多德还提出过另一个理由，来说明在自然中引起反感的事物，在最忠实的模仿中何以会产生快感。这个理由就是人类的普通的知识欲。如果我们从模仿里可以学习到某一个事物究竟是什么，或是根据这模仿会断定那就是某某，我们就会喜悦。[2]但是从此也不能得出结论，说丑经过艺术模仿，情况就变得有利了。知识欲的满足所生的快感只是暂时的，对于使知识欲获得满足的那个对象来说，只是偶然的；而由看到丑所生的那种不快感却是永久的，对于引起不快感的那个对象来说，却是有关本质的。前者如何能抵消后者呢？至于由看到摹本和蓝本的类似所生的轻微的愉快的兴趣，更不足以克服丑的不愉快的效果。我拿丑的摹本和丑的蓝本比较得愈仔细，我就愈感到这种不愉快的效果，因此从比较得来的快感很快地就消失了，剩下来的只是这双方面的丑所引起的讨嫌的印象。从亚里士多德所举的实例来看，他似乎也不愿意把形体的丑归到本来令人不愉快，而经过模仿，却变成愉快的那类事物中去。他的例子是凶恶的动物和死尸。凶恶的动物纵使不丑，也会引起恐怖；而在模仿中转化为快感的正是这种恐怖，而不是它们的丑。死尸也是如此：它在自然中惹人厌恶，是因为它引起尖锐的怜悯的情感，以及很可怕地提醒我们自己也会终归毁灭；但是在模仿中，我们明知它是假象，这种怜悯就会冲淡，而且如果穿插一些奉承死者的情境，就可以使我们不至于注意到死亡，或者和那情境密切结合在一起，使我们仿佛感觉到它与其说是可恐怖的，毋宁说是可愿望的。

既然形体的丑单就它本身来说，不能成为绘画（作为美的艺术）的题材，因为它所引起的感觉是不愉快的，同时也不是通过模仿就可转化为快感的那一类不愉快的感觉；那么是否可以这样说：形体的丑对绘画也像对诗一样，能够用作一个组成因素，来加强其他感觉呢？

绘画是否可以利用丑的形体，去造成可笑和可恐怖的效果呢？

我不愿对这个问题作一个干脆的否定的答复。无可否认，无害的丑在绘画里也可以变成可笑的；特别是在冒充妩媚和尊严的企图和丑结合在一起的时候。另一点也是无可辩驳的，有害的丑在绘画里和在自然里一样会引起恐怖；前一种情况中的可笑和后一种情况中的可恐怖，由于本身都是混合的情感，通过模仿，就会产生一种新的吸引力和快感。

我还必须指出，尽管如此，绘画在这方面和诗并不完全相同。上文已经说过，在诗里形体的丑由于把在空间中并列的部分转化为在时间中承续的部分，就几乎完全失去它的不愉快的效果，因此仿佛也就失其为丑了，所以它可以和其他形状更紧密地结合在一起，去产生一种新的特殊的效果。在绘画里情形却不如此，丑的一切力量会同时发挥出来，它所产生的效果并不比在自然里弱多少。因此，无害的丑不能长久地停留在可笑上面，不愉快的情感就会逐渐占上风，原来第一眼看去是滑稽可笑的东西，后来就只惹人嫌厌了。有害的丑也是如此，可恐怖性逐渐消失，剩下来的就只有丑陋，不可改变地留在那里。

考虑到这一点，克路斯伯爵没有把忒耳西忒斯的一段情节列在他所设计的荷马史诗画目里，倒是完全正确的。但是如果想把它排除到荷马史诗本身以外，这是否因而也就正确呢？我很遗憾，看到有一位审美趣味本来很精细正确的学者竟有这样的看法。[3] 我等待另一机会再详细说明我的观点。[4]

165

注释

1. 指门德尔松。见《关于最近文学的书简》卷五。

2. 见《诗学》第四章，第五节。

3. 见克洛茨的《论荷马的书简》第 30 页以下。C.A. 克洛茨（C.A.Klotz），德国古典语言学家和考古学家，曾经批评过莱辛的《拉奥孔》，莱辛在《考古学书简》中对他有所答辩。参看 78 页注 1、240 页注 9。

4. 本章论证绘画作为美的艺术，只宜描绘美的形体，不宜描绘丑的形体；艺术模仿有时可转化引起反感的为引起快感的，但是那只是暂时的，嫌厌的对象无论是实在的还是虚拟的都会引起反感。

第二十五章

可嫌厌的和可恐怖的

上述艺术批评家 [1] 在嫌厌与心灵的其他不愉快的情感之间所见出的第二个区别，也表现在形体的丑所引起的那种反感上面。

他说："其他不愉快的情感，在模仿之外，即在自然本身里，也往往可以投合人的心情；因为它们从来不引起单纯的反感，它们的酸苦总是和喜悦混在一起的。我们的恐惧很少把一切希望都消除净尽；恐怖能发动我们的一切力量去设法脱险，愤怒是和报仇的愿望夹杂在一起的，忧伤是和过去幸福的回忆相联系的；怜悯是和恩爱的温柔情感分不开的。心灵有自由，时而流连于一种情感的愉快方面，时而流连于它的起反感的方面，而且替自己造成一种快感和痛感的混合体，这比最纯粹的愉快还更有吸引力。只要对自己的心理活动稍加注意，我们就可以看到无数这样的事例，如果不是这样，我们就无法解释为什么愤怒的人宁愿守着他的愤怒不放，忧伤的人宁愿守着他的忧伤不放，也不愿倾听旁人为着想安慰他而向他描绘出的美好光景。但是嫌厌以及和嫌厌牵连在一起的那些情感却不如此。在这类情感里，心灵看不到些微的快感的交错。厌恶占了优势，所以无论在自然中还是在模仿中，我们都不能想象出一种场合，其中心灵遇见这类情感的表象而不感觉到厌恶。" [2]

这番话完全正确；不过这位批评家自己也承认嫌厌还牵连到其他情感，这类情感也只引起反感，那么试问除掉形体的丑所生的情感之外，还有什么其他情感能和嫌厌更紧密地联系在一起呢？形体丑所生的情感在自然中也不夹杂有丝毫的快感；在模仿中也还是如此，所以不能设想有一种情况，人的心灵不怀着嫌厌而避开丑的形体的表现。

　　如果我对自己的情感研究得足够精细的话，丑所引起的反感在性质上完全属于嫌厌一类。形体的丑所产生的情感正是嫌厌，只是在程度上较轻微些。这个看法与上述批评家的另一说法确不相容，他说只有味觉、嗅觉和触觉之类最模糊的感觉才涉及嫌厌。"味觉和嗅觉遇到过分的甜蜜就感觉嫌厌，而触觉则遇到物体的过分柔软，对触到它的神经没有足够的抵抗力，就感到嫌厌。后来这类对象对视觉也变成不可容忍的，但是这只是由于联想，它使我们回想起味觉、嗅觉和触觉所感到的那种反感。严格地说，对于视觉，没有一件东西是嫌厌的对象。"但是依我看来，视觉的嫌厌对象是举得出的。面孔上的红瘢，缺嘴唇，鼻孔朝天的扁鼻子，额上精光没有眉毛之类丑的东西，它们对味觉、嗅觉和触觉都不会引起反感，但是它们确实引起一种情感，这种情感比起拐脚驼背之类身体方面的畸形所引起的情感还更近于嫌厌。生性愈敏感，我们看到前一类丑的东西，也就愈能感到恶心作呕以前的那种身体上的激动。不过这种激动不久就会消失，不至于真正转到恶心作呕，其原因当然在于它们都是视觉的对象，视觉在它们上面以及和它们连在一起的东西上面同时看到许多现实情况，通过这些情况的愉快的表象，上述那种不愉快的表象就会削弱和冲淡，以至对身体不发生什么可以看到的影响。至于味觉、嗅觉和触觉这些最模糊的感觉却不然，它们碰到引起反感的东西，就不注意到上述那些现实情况；因此，那些引起反感的东西就独立自由地尽量发挥它们的力量，当然就会在身体上引起远较剧烈的震动。

　　此外，就模仿来说，可嫌厌的东西和丑的东西的情况也完全相同。因为可嫌厌的东西所产生的不愉快的效果还更剧烈，所以比起丑来，它更不能单就它本身来用作诗或画的题材。只是因为它经过文字的表达就大大地冲淡了，我才敢说，诗人至少可以运用可嫌厌的对象的某些方面，作为一种产生混合情感的因素，正如他用丑来加强这种混合情感，可以产生很好的效果那样。

可嫌厌性还可以加强可笑性；或则说，尊严与礼仪的表象如果和可嫌厌的东西形成反衬，也就会变成可笑的。在阿里斯托芬的喜剧里就可找到许多这样的例子。我想起了打断苏格拉底的天文观察的那只鼬鼠：

> 门徒：不久以前，他被一只鼬鼠打断了他的深沉的默想。
>
> 斯瑞西阿德斯：怎样打断的？请告诉我。
>
> 门徒：有一天夜里，他正在张口望天，观察着月亮的运行，一
>
> 只鼬鼠从屋檐上拉屎，屎就落到他的嘴里。
>
> 斯瑞西阿德斯：妙！那只鼬鼠打得真准！ [3]

如果假想落到他张着的嘴里的东西不是可嫌厌的，可笑性也就消失了。这一类可笑事物之中，最可笑的莫过于一篇关于霍屯督族人的故事《夸苏乌和克诺宁夸哈》，发表在英国幽默周刊《鉴赏家》上，据说是英国切斯特菲尔德勋爵的手笔。[4] 大家都知道霍屯督族人多么脏，他们奉为美丽、秀雅和神圣的东西对于我们都会引起嫌厌和呕吐。鼻子没有，只有一片平滑的软骨；一对疲软的奶垂到肚脐；周身涂着羊脂和煤烟，太阳晒着发亮；头发上涂的油往下直滴，手脚都用新宰的动物的肠子缠绕着：试想这样一个女人成为热烈的尊敬和爱慕的对象，还有人用严肃的惊赞的高贵语言向她表示爱情，看你是否忍得住笑！

可嫌厌的东西似乎还能和可恐怖的东西更紧密地结合在一起。凡是我们看作令人毛骨悚然的东西都不外是一种既可嫌厌又可恐怖的东西。朗吉弩斯

对赫西俄德[5]所描绘的忧伤者的形象中的"她令人恶心地流着鼻涕"一点感到厌恶，我想这倒不是因为这一点可嫌厌，而是因为它只是可嫌厌，对产生恐怖的效果无所帮助。朗吉弩斯对"伸到手指头外的长指甲"似乎并没有指责；长指甲至少是和脏鼻孔一样可嫌厌的，但是同时也是可恐怖的，因为抓破腮帮，让"鲜血从腮帮流到地上"的正是长指甲。至于脏鼻孔就只是脏鼻孔，我想奉劝忧伤者最好闭住口。试读一读索福克勒斯描写不幸的菲洛克忒忒斯的凄凉的岩洞那一段话。[6]那里看不见什么生活的必需和方便，只有一个败叶做的踏破了的垫褥，一个不成形状的木碗和一个生火用具。这就是那位被遗弃的病人的全部家当！诗人怎样点缀成这幅凄惨可怕的图景呢？他加上了嫌厌的情感。尼阿托雷密看到就马上惊叫道："哎呀！这里还晾着一些破衣，上面尽是些肮脏的脓血！"

> 尼阿托雷密：我只看到一个住人的地方，却没有人迹。
>
> 奥德修斯：里面没有日用家具吗？
>
> 尼阿托雷密：有一堆败叶，拼凑成一个床铺。
>
> 奥德修斯：此外，里面就空空洞洞，一无所有吗？
>
> 尼阿托雷密：还有一个木碗，制造得很粗糙，此外还有一个生火的用具。
>
> 奥德修斯：他的全部家当就止于此了。
>
> 尼阿托雷密：哎呀！这里还晾着一些破衣，上面尽是些肮脏的脓血！[7]

在荷马史诗里，赫克托耳的尸首被拖着走，满脸污血，头发也被血和泥凝成一团，情况与此颇相似。[8]像维吉尔所描绘的：

> 肮脏和胡须乱成一团，血凝着头发。[9]

这是惹人嫌厌的，因此也更可恐怖，更能感动人。再如奥维德所描写的玛尔绪阿斯的苦刑，谁能想起而不起嫌厌的情感呢？

> 在他号啕的声中，他的皮被从四肢剥下，
> 遍体鳞伤，鲜血迸出，向周围乱溅，
> 神经露出来，揭开皮的血管砰砰跳动，
> 摊出来的肠胃还在蠕蠕震颤，
> 胸膛上的筋肉脉络都历历可数。[10]

但是谁不会感到，嫌厌的因素在这里是摆在恰当的地位呢？它使可恐怖的东西成为令人毛骨悚然的，而令人毛骨悚然的东西即使在自然中，如果引起我们的怜悯，也不是完全令人不快的；何况在模仿里？我不想堆砌更多的事例，但是必须指出这一点！还有一种恐怖，那就是饥饿的恐怖，诗人要想产生这种恐怖，唯一的路径是通过可嫌厌的东西。纵使就日常生活而论，我们要想表现极端饥饿的苦境，也只能通过胪列勉强用来饱腹的那些没有营养的、有害健康的而且特别惹人嫌厌的东西。因为模仿无法引起饥饿本身的感觉，所以就必须借助于另一种不愉快的感觉，一种比起极端尖锐的饥饿感觉还较轻微的不愉快的感觉。模仿要引起这种较轻微的不快感，目的在于从它所引起的不舒适里可以得出结论：这种较轻微的不快感尚且这样不舒适，比它远较严重的饥饿感觉会多么不舒适，就更不消说了。奥维德写刻瑞斯差遣俄瑞阿得斯去找饥饿神时，说道：

> 她远远地望见了饥饿神，

向他宣告了女神的诏旨，

　　她还没有来到他跟前，

　　立刻间就感到饥肠寸裂。[11]

这是一种不自然的夸张！单是看见一个饥饿的人，哪怕他是饥饿神本身，也不会就有这种传染的力量；我们可以感到怜悯、恐怖和嫌厌，但不会感到饥饿。奥维德在他对饥饿的描绘中，没有省去这种恐怖；无论在他的描绘中，还是在卡里马科斯[12]的描绘里，厄里什契通[13]的饥饿都是以可嫌厌的成分为最强烈，厄里什契通把所有的东西都吃光了，连他母亲养来预备供奉女灶神的牲畜也没有能幸免。在卡里马科斯的描绘里，他接着就吃马吃猫，甚至跑到街上去行乞，乞求旁人筵席上的残羹剩汁：

　　他吃掉了他母亲为女灶神饲养的牡牛，

　　连赛跑的马和战马也都吃光了，

　　至于猫，在他面前更小的动物曾吓得发抖；

　　于是他这位王孙公子就匍匐街头

　　乞讨旁人抛弃的残羹剩汁。[14]

在奥维德的描绘里，他终于用牙齿啃自己的肢体，用自己的肉来养活自己的命：

　　但是迫于灾难的暴力，把那些储蓄

　　吃光了之后，……

　　他就自戕地啃起自己的骸骨

　　通过损害肉体来滋养肉体，[15]

172

由于同样的理由，女凶煞们被描绘为那样臭气难闻，那样污秽，使得由于她们攫夺去食物而造成的饥饿显得更可恐怖，试听一听阿波罗尼乌斯所写的菲纽斯的哀叹：[16]

> 她们也替我留下些微的食品，
>
> 放出一股气味，奇臭难闻，
>
> 是人都不能片刻接近它，
>
> 尽管他铸就的是铁石心肠，
>
> 但是饥饿的痛苦迫使我
>
> 忍受，用这秽物来填塞饥肠，

从上述观点出发，我倒宁愿宽容维吉尔把可嫌厌的女凶煞用进他的史诗，她们所引起的饥饿并不是当前实在的，她们不过是预言未来的饥饿，而且这整个预言终于只是一种文字的游戏。[17] 还有但丁，他在写乌哥里诺的饥饿时，[18] 不仅先让我们有心理准备，写出一种最可嫌厌、最可恐怖的情境；他把乌哥里诺和他生前的迫害他的仇人都放在地狱里；而且把那饥饿本身也写成带有可嫌厌的因素，特别使我们难以忍受的是乌哥里诺的儿子们请父亲吃他们自己。在博蒙特和弗莱彻合作的一部戏剧里有一段很可以用来代替一切其他例证，不过我不想用它，因为写得太过火了。[19]

我现在来谈绘画中的可嫌厌的对象。尽管严格地说，没有一个对象对于视觉是可嫌厌的，是绘画作为美的艺术当然要摈弃的，尽管这是一个无可争辩的事实，绘画毕竟还必须避免一般可嫌厌的对象，因为由于联想作用，它们对于视觉也会成为可嫌厌的。波代诺内[20] 在一幅《基督葬礼图》里描绘在场的一个人掩着鼻子。理查森反对这一点，认为基督死得并不久，尸体不至于就已腐烂了。他却认为在《拉撒路的复活》里可以这样画，因为故事明说

173

尸体已腐烂，画家就不妨画出某些在场的人掩鼻的姿态。[21] 依我看来，即使在这个例子中，这种描绘也是不能容忍的，因为不仅是实在的臭气，就连臭气的观念，也会惹起嫌厌。我们即使患了重伤风（鼻子闻不见），碰到脏臭的地方也还是要逃避。不过也许绘画利用可嫌厌的东西，并不是因为它可嫌厌，而是像在诗里一样，因为它可以加强可笑和可恐怖的效果。但是这样做，绘画就会有完全失败的危险！我在上文关于丑所说的话应用到可嫌厌的对象上，还更恰当。这种对象在视觉性的描绘里比起在听觉性的描绘里，在效果上所遭到的损失要远较微小，[22] 所以也比较不容易与可笑的和可恐怖的因素紧密结合起来。乍看到时的惊奇感一旦消失了，乍起的求知欲一旦得到满足，这种可嫌厌的对象就完全孤立起来，显露出它本来的赤裸裸的形象。[23]

174

注释

1. 指门德尔松。

2. 见《关于最近文学的书简》卷五。

3. 见阿里斯托芬的《云》第107行以下。作者在这部喜剧里，讽刺了哲学家苏格拉底。

4. 霍屯督族是南非洲的一个种族集团。切斯特菲尔德勋爵（Lord Chesterfield，1694—1773），英国政治家和作家，以《写给儿子的信》著名。

5. 赫西俄德（Hesiodus），公元前9世纪希腊诗人，主要作品是一部描写一年四季各种劳动的史诗。这里所说的"忧伤者"是他在《赫拉克勒斯的盾》一篇诗里所描写的一个人物。鼻涕和长指甲都是这位忧伤者的特征。莱辛认为鼻涕只是可嫌厌的，而长指甲却同时是可恐怖的，所以朗吉弩斯反对前者而不反对后者。

6. 参看10页注5。

7. 见索福克勒斯的悲剧《菲洛克忒忒斯》第31至39行。

8. 见《伊利亚特》卷二十二，阿喀琉斯打死特洛伊主将赫克托耳之后，把他的尸首系在战车后拖着游街示众。

9. 见《埃涅阿斯纪》卷二，第277行。

10. 见奥维德的《变形记》卷六，第397行。玛尔绪阿斯（Marsyas），林神，善吹笛，向阿波罗挑战，要和他比赛音乐，相约败者由胜者任意处理，结果他败了，阿波罗把他绑到树上活剥皮。

11. 见奥维德的《变形记》卷八，第809行。刘瑞斯（Ceres）是农神，俄瑞阿得斯（Oread）是山神，都是女性。

12. 卡里马科斯（Kallimachus），公元前3世纪希腊学者和诗人，亚历山大里亚图书馆长。

13. 厄里什契通（Eresichthon），提萨勒的王子，砍了农神的圣树，农神就派山神俄瑞阿得斯去找饥饿神，让他钻进他的肠胃里去，使他永远受饥饿的痛苦。

14. 见卡里马科斯的《女凶煞颂歌》。"女凶煞"指希腊神话中的鸟身女面怪。

15. 见《变形记》卷八，第875行以下。

16. 参看91页注5，见《阿耳戈船的远征》卷二，第228行以下。菲纽斯（Phineus）是个预言家，因为泄漏神旨，神使他失明，派鸟身女面怪去折磨他。

17. 根据维吉尔的《埃涅阿斯纪》，埃涅阿斯航行到一个岛上，碰见鸟身女面怪，一吃饭就遭她们搅扰。埃涅阿斯把她们打败了，她们中之一预言埃涅阿斯一行人将会到达意大利，但是要等到饥饿逼他们把饭桌吃掉时才能建立一个城市。他们原来用面包做饭桌，所以把这做饭桌用的面包吃掉之后，就建立了后来的罗马。

18. 但丁描写乌哥里诺（Ugolino）的饥饿是《神曲》中一段有名的诗，见《地狱》篇第三十三章，第13至78行。乌哥里诺同他的两个儿子和两个孙子被他的政敌庇莎城的主教逮捕入狱，活活地饿死。但丁把他和他的仇人都摆在地狱里，他在进行报复，啃他仇人的头。

19. 博蒙特和弗莱彻（Beaumont and Fletcher），17世纪初两位英国剧作家，经常合作。莱辛所指的是《航程》第三幕第一景，这里写的是一批海盗流落到一个荒岛上所遭到的困苦情况。

20. 波代诺内（Pordenone）是意大利画家里 G.A. 契尼阿（G.A.Licinio，1484—1539）出生的地方；人们就用这地名去称呼他。

21. 见理查森的《画论》卷一，第74页。

22. "视觉性的描绘"指绘画雕刻，"听觉性的描绘"指诗。

23. 在本章里莱辛从丑讨论到一些相关的审美范畴，如嫌厌和恐怖，着重地讨论了嫌厌。他认为嫌厌的情感与丑所引起的反感是密切相联系的，都是不能转化为快感的；诗有时可用嫌厌对象来加强可笑性和可恐怖性，绘画则应绝对避免描绘嫌厌的对象，正如它应绝对避免描绘丑的形体一样。

第二十六章

拉奥孔雕像群作于何时?

温克尔曼先生的《古代艺术史》已经出版了。[1] 在读完这部著作以前,我不敢再继续写下去。单从一些一般性的概念出发,去对艺术进行推理,很可能导致一些任意武断的见解,迟早会为艺术作品所推翻,使我们感到羞惭。古代人也认识到使画与诗相结合的联系,他们却不把这种联系拉得过分紧密,以至超过有利于诗画双方的程度。古代艺术家们所做的事使我学习到一般艺术家所应该做的事。像温克尔曼这样一个人举起了历史的火炬,我们就可以放心大胆地跟在他后面去进行思辨。

对于一部重要的著作,人们通常都是先大致浏览一遍,然后再开始认真阅读。我首先想要知道的是这位作家对于拉奥孔的看法;倒不是关于这件作品的艺术性,他在旁的论著 [2] 里已经说明了他对于这方面的看法,而是关于这件作品的年代。在这个问题上,温克尔曼究竟站在哪一边呢? 他是赞成说维吉尔以拉奥孔雕像群为蓝本的那一派? 还是赞成说艺术家模仿了诗人的那一派?

他对于某一方面模仿另一方面的问题完全保持沉默，这倒很合我的口味。这种模仿有什么绝对必要呢？我在上文所提到的诗的描绘与艺术作品之间的那些类似点可能只是巧合的而不是有意的；它们很可能并不是一方面模仿另一方面，甚至双方不必利用一个共同蓝本。[3] 假如温克尔曼被这种模仿的假象所迷惑，他一定会声明自己赞成前一个假定，[4] 因为他假定了拉奥孔雕像群是属于希腊艺术登峰造极的时代，那就是说，属于亚历山大大帝时代。

他说："即使在艺术毁灭后仍然负责看守的善良的司命神，保存了这个艺术时代的一件作品，来供全世界人惊赞，并为许多失传杰作的美妙处的历史真实性提供了凭证。由阿格山大，阿波罗多柔斯，[5] 和阿提诺多柔斯合作的拉奥孔和他的两个儿子的雕像群，按照一切可能性来说，是属于这个时代的，尽管我们不可能确定它究竟属于哪个年代，或是说出（像某些人所说出的）这批艺术家究竟属于哪一届奥林匹克大会[6] 时期。"

在附注里他作了这样的补充："老普林尼不曾明说阿格山大和他的合作者生在哪个时代里，但是玛菲[7] 在他的古代雕像说明里却断定这批艺术家属于第八十八届奥林匹克大会时期（公元前428—公元前425年）。根据他这句话，理查森等人都持这种看法。我想玛菲是把波留克列特斯[8] 的一位名叫阿提诺多柔斯的门徒和参加雕刻《拉奥孔》的阿提诺多柔斯误认为一人，波留克列特斯既然属于第八十七届奥林匹克大会时期，于是他就把假定的波留克列特斯的门徒摆迟一届。玛菲不可能有什么其他理由。"

他当然不可能有其他理由。但是温克尔曼为什么满足于仅仅援引玛菲所假定的理由呢？是否那个理由自相矛盾呢？并不尽然。尽管没有其他理由来证实它，它本身也还些微有可信之处，除非能够证明波留克列特斯门徒阿提诺多柔斯和阿格山大和泡里多柔斯的助手阿提诺多柔斯不可能是同一个人。很幸运，这一点是能证明的，他们两人的出生地点就不同：前一个阿提诺多柔斯，根据泡萨尼阿斯的证据，是阿卡迪亚的克里特人；而后一个阿提诺多柔斯，根据老普林尼的证据，却是罗德岛的居民。

温克尔曼援引玛菲的假定，而不举出这个论证把它完全驳倒，他不可能故意要这样做。毋宁说，这是由于他认为凭他的无可辩驳的知识，从作品的艺术性方面所找到的理由还更重要，就无须费神去考虑玛菲的意见是否有一点可信之处。毫无疑问，他在拉奥孔雕像群里看出许多"精妙处"，而这些"精妙处"是利西波斯 [9] 所特有的，而且是第一个人用这些"精妙处"来丰富艺术的，所以他就断定这件作品不可能早于利西波斯的时代。[10]

但是纵使拉奥孔雕像群不能早于利西波斯这一点确实已得到证明，这是否就足以证明它就属于利西波斯时代而不可能是一件晚得多的作品呢？姑且把罗马君主专制开始奠定以前那个时期按下不算，希腊艺术在那个时期里是时盛时衰的：为什么不能把《拉奥孔》看作罗马头几个皇帝的大量赏赐奖掖在艺术家们之中所造成的竞争的好结果呢？阿格山大和他的助手们为什么不能和斯特朗格良、阿凯西劳斯、巴什特理斯、波西多尼乌斯和第欧根尼这批人 [11] 生在同一个时代呢？这批大师的作品不也是被人们珍视为艺术所能创造出的最好的作品么？姑假定这批大师的真迹还留传到现在，但是雕刻家们的年代不详，只能从艺术风格上来推测，那么，得有怎样的天赋，才能使艺术批评家不至于把这些作品摆在温克尔曼认为只有它才配产生《拉奥孔》的那个时代啊！

老普林尼诚然没有明确指出雕刻《拉奥孔》的艺术家们究竟生在哪个时代。但是我如果要从他所写的那一段话的全文，来断定他究竟想把那些艺术家们列在古代还是列在近代，那么，我就要承认我看出后一个假定有更大的可能性。让人们自己去判定吧。

老普林尼相当详细地谈了雕刻艺术中一些古代大师，菲狄亚斯、普拉克什特理斯以及斯科帕斯 [12]，接着不按照时代的顺序，谈到其余的人，特别是那些还有作品存在罗马的人，于是他用下面的方式继续谈下去："还有许多其他著名的艺术家没有谈到，因为有些优秀的艺术作品往往是由几个人合作的，要享荣誉就不免受到妨碍，因为不应该把功劳归于某一个人，其余的人也该同样博得声誉，例如《拉奥孔》的情况就是如此。这件作品藏在提图斯[13]的皇宫里，在一切绘画和雕刻之中是最杰出的。罗德岛的阿格山大、泡里多柔斯和阿提诺多柔斯三位卓越的艺术家按照一种总的计划，用一整块石头，把拉奥孔和他的两个儿子以及巨蛇的神奇的缠绕雕刻出来了。[14] 同样，有一些艺术家们用精美的雕刻作品把普拉丁山上的皇宫装满了：有克拉特柔斯和庇陀多柔斯合作的，泡里德克提斯和赫摩劳斯合作的，另一位庇陀多柔斯和阿特蒙合作的，还有特拉理斯人阿弗若第苏斯单独一个人做的。阿谷里巴所建的众神庙是由雅典人第奥格尼斯装饰起来的；他在神庙大厅石柱上所雕的一些女像在同类作品中是最受到珍视的；嵌在庙顶人字墙上的那些雕像也是如此，不过由于摆的地方太高，没有石柱上的女像那样出名。"

在所有这些提到名字的艺术家之中，雅典人第奥格尼斯的年代是最无可置疑地确定了的。他装饰过阿谷里巴所建的众神庙，所以是生在奥古斯都时代的。但是我们如果更细心研究老普林尼的话，我想我们也可以把克拉特柔斯和庇陀多柔斯，泡里德克提斯和赫摩劳斯，第二个庇陀多柔斯和阿特蒙，以及特拉理斯人阿弗若第苏斯等人的时代确定出来，令人无可辩驳。老普林尼提到他们时，说他们"用精美的雕刻作品把普拉丁山上的皇宫装满了"，我要问：这句话的意思只是说皇宫装满了这些精美的作品么？这就是说，罗马皇帝们把这些作品从各地搜集到罗马来，放在他们的宫里么？当然不是这个意思。那些艺术家们一定是专为皇宫而创造出这些作品，他们一定就生在那几朝皇帝的时代。他们都是只在意大利工作的晚期的艺术家，在意大利以外从来没有人提起他们，可以为证。假使他们早期在希腊工作，泡萨尼阿斯就会看到他们的某些作品，替我们留下记载。他的记载里确实有一位庇陀多柔斯，但是阿杜温[15]把他当作老普林尼所说的庇陀多柔斯，却是大错特错。因为泡萨尼阿斯把他在比奥细亚的柯罗尼亚所见到的前一个庇陀多柔斯的作品，天后的雕像，叫作"古代雕刻作品"，他通常只把这个称号应用到远在菲狄亚斯和普拉什特提斯以前的、生在艺术的最早和最原始的时代的那些大师的作品。罗马皇帝们当然不会用这种作品去装饰他们的皇宫。阿杜温还有一个猜测，他认为阿特蒙也许就是老普林尼在另一个地方提到的一位同名的画家，这种猜测更是不足信的。同名所提供的只是一种很薄弱的论证，我们不能据此来对一段确凿可凭的文字的自然的解释，进行勉强的歪曲。

因此，如果克拉特柔斯和庇陀多柔斯，泡里德克提斯和赫摩劳斯以及其余的人都毫无疑问地生在罗马皇帝的时代，用卓越的作品装满了罗马皇帝的宫殿，那么，我想老普林尼在提到上述那些艺术家之后只用"同样"（"similiter"）一词来轻轻带过去的那些艺术家们也不应属于另一个时代。这些就是拉奥孔雕像群的作者们。让我们只想想这一点：如果阿格山大、泡里多柔斯和阿提诺多柔斯这些大师的年代有温克尔曼所说的那样古老，那么，像老普林尼这样一位重视表达精确的作家，竟从上述那些艺术家一跳就跳到最近的艺术家，而且只用"同样"一词就跳过去，这不是一件不近情理的事吗？

人们还会反驳说，这里"同样"一词所指的不是时代上的邻近，而且另一种情况，即这些艺术家们尽管在时代上很有距离，却仍有共同点。老普林尼所谈的是一些合作的艺术家，由于合作，得不到他们理应得到的声誉。因为没有一个人能独享多人合作的作品的荣誉，每次都要把参加合作的人提出，就会很冗长，于是他们的联名就遭到了忽视。创作拉奥孔雕像群的大师们就处在这种情况，罗马皇帝们雇来装饰皇宫的许多其他大师们也是如此。

我承认这一点。但是很可能老普林尼所说的只限于近代的合作的艺术家们。因为假如他所指的也包括古代的艺术家们，为什么单提拉奥孔雕像群的作者们而不提其他？例如奥拿塔斯和卡立特理斯，提摩克理斯和提玛岂第斯或是这位提玛岂第斯的儿子们（在罗马还有他们合作的天帝雕像）。温克尔曼自己就说过，古代艺术作品由多人合作的可以列出一个很长的目录。假如老普林尼不是有意只谈近代，他会只想到阿格山大、泡里多柔斯和阿提诺多柔斯吗？

此外，如果一个假定所能解释的疑难愈大愈多，它的可靠性也就愈大，拉奥孔雕像群的作者属于最早几朝皇帝时代的假定就有高度的可靠性。因为假如他们是在希腊工作的，而且生在温克尔曼所考定的时代，假如拉奥孔雕像群本身很早就藏在希腊，那么，希腊人对这样的作品竟一字不提，这就非常奇怪了。那样伟大的三位艺术家除《拉奥孔》以外竟没有做出任何其他作品，或者说，泡萨尼阿斯在全希腊境内，除掉《拉奥孔》以外，竟没有碰到他们的其他作品，这也是非常奇怪的。在罗马，情形与在希腊不同，伟大的杰作可以长久默默无闻，所以纵使《拉奥孔》在奥古斯都时代就已做成，等到老普林尼才第一次而且也是最后一次提到它，这也是毫不足怪的事。我们只需回想一下老普林尼关于斯科帕斯所雕的一座女爱神像（在罗马战神庙里）所说的话："这件作品可以在任何其他地方驰名。但在罗马，艺术作品太多，把它淹没起来了，而且人们忙于各种公私事务，没有闲情来欣赏这类东西，因为要能欣赏这类作品，就需要有闲暇和安静。"

主张拉奥孔雕像群是模仿维吉尔的描绘的那些人对于我在上文所说的话都会欣然接受。我想我的另一个假定也不会遭到他们的反对。他们很可能这样想：请希腊艺术家按照维吉尔的描绘来做出拉奥孔雕像群的是阿西尼乌斯·波里奥 [16]。波里奥是维吉尔的一位密友，比诗人活得较长久些，他大概写过一部论《埃涅阿斯纪》史诗的著作，赛尔维乌斯 [17] 所引他的片段言论很可能是引自他关于这部史诗的著作，否则他是哪里引来的呢？波里奥同时是一位艺术爱好者和鉴赏家，对古代大师的最好的作品有很丰富的收藏，而且还雇了一些当代的艺术家替他创作出新作品。就他在挑选中所表现的审美趣味来看，像拉奥孔雕像群那样大胆的作品是很能投合他的趣味的。"由于他生性很热情，他也就喜欢收藏这种艺术作品"。不过在老普林尼的时代，拉奥孔雕像群藏在提图斯的皇宫里，而波里奥的收藏大概不是分散在各地而是聚集在一个陈列室里的，我的这个假定也就有些不可靠。而且，我们认为波里奥可能做的事，为什么不能由提图斯本人去做呢？ [18]

注释

1. 莱辛对诗画界限的主要论点在第一章至第二十五章中已经提出。写到第二十五章，温克尔曼的《古代造型艺术史》（1764 年）出版了，莱辛就中断了关于主题的阐述，转到温克尔曼所涉及的一些考古学方面的问题，特别是拉奥孔雕像群的年代问题。关于这个问题可看"译后记"。

2. 指温克尔曼的《论希腊绘画和雕刻作品的模仿》。

3. 参看第五章。

4. 即维吉尔史诗模仿雕像群的假定。

5. 阿波罗多柔斯（Apollodorus）系泡里多柔斯（Polydorus）之误。

6. 奥林匹克大会是古希腊重要的宗教典礼和文艺杂技竞赛，每隔四年举行一次，所以每四年称为一个 Olympiad（奥林匹克运动会）。古代编年史有时以此为单元计算年代。

7. 参看 52 页注 1。

8. 波留克列特斯（Polycletus），公元前 5 世纪希腊雕刻家。

9. 利西波斯（Lysippos），公元前 4 世纪前半期雕刻家，以亚历山大的雕像著名。

10. 温克尔曼单从艺术作风来判定，拉奥孔雕像群不能早于公元前 4 世纪的后半期。

11. 斯特朗格良（Strongylion）是公元前 5 世纪的雅典雕刻家，莱辛和温克尔曼都误把他的时代摆迟了三个世纪。阿凯西劳斯（Arcesilaus）和巴什特理斯（Pasiteles）都是公元前 1 世纪希腊雕刻家，波西多尼乌斯（Posidonius）本是公元前 1 世纪的哲学家和历史家，关于他是否是雕刻家，无从查考。第欧根尼（Diogenes）也是公元前 1 世纪希腊雕刻家。

12. 参看 68 页注 6。

13. 提图斯（Titus，39—81），罗马皇帝。

14. 重点是译者加的。老普林尼（见 18 页注 1）在《自然史》卷三十四第十九部分里的记载，是古代著作中唯一谈到拉奥孔雕像群的一段话，也是极重要的原始资料。拉奥孔雕像群作者是罗德岛的阿格山大、波吕多洛斯和阿提诺多柔斯三人，也首见于此。引文中"同样"一词在拉丁原文中是"similiter"，亦可译为"依上述方式"，这种字义上的暧昧引起下文的揣测和辩证。

15. 阿杜温（Hardouin，1646—1729），法国耶稣会教士和学者，曾编注过老普林尼的全集。他认为大部分古典文艺作品都是 13 世纪僧侣们的伪造。

16. 阿西尼乌斯·波里奥（Asinius Pollio），公元 1 世纪罗马学者，也是奥古斯都皇帝的密友。

17. 赛尔维乌斯（Servius），公元 4 世纪至 5 世纪初罗马语法学家，写过维吉尔史诗的评注。

18. 本章后部分是要证明，拉奥孔雕像群既然收藏在罗马皇帝提图斯的官里，就很可能是由提图斯请人雕刻的，这也就是说，它属于早期罗马皇帝时代。莱辛的这种揣测是很不科学的。近来考古学家在罗德岛上林都斯（Lindus）地方发掘到石刻铭文，可以证明创作拉奥孔雕像群的艺术家阿格山大等人是生活在公元前 42 年到公元后 21 年之间（参看《大英百科全书》Agesander 条），这比莱辛所揣测的时间稍早一点。莱辛假定雕像群比维吉尔的史诗较晚，是用史诗为蓝本，实际上维吉尔史诗和雕像群都是在公元前 21 年之前不久完成的；即使维吉尔史诗可能略早，也不能成为雕像群的蓝本，因为它是在维吉尔死（公元前 19 年）后才由他的朋友发表的。所以，维吉尔史诗和拉奥孔雕像群很可能都根据一个较早的神话传说。

第二十七章

确定拉奥孔雕像群年代的其他证据

我的意见是：《拉奥孔》的作者们是在头几朝罗马皇帝之下工作的，至少他们不可能像温克尔曼所说的那样古老。这个意见从温克尔曼本人初次公布的一段小小的资料中也可以得到证实。这段资料[1]原文如下：

在内图诺，即过去的安提姆[2]，亚历山大·阿尔巴尼主教[3]在一七一七年，在被海水淹没的一座拱顶建筑里，发现一个深灰色大理石制成的基座，人们现在把它叫作"毕几俄基座"，上面嵌着雕像，在这个基座上面刻着下面的文字：

阿塔诺多柔斯，阿格山大之子，
罗德岛人，所制成。

从这个刻文我们可以知道拉奥孔雕像群是父子合作的，很可能阿波

187

罗多柔斯（应为泡里多柔斯）也是阿格山大的儿子，因为这里的阿塔诺多柔斯不可能是别人，而就是老普林尼所提到的那一位阿提诺多柔斯。[4] 此外，这个刻文还证明艺术家在上面题完成式动词"制成"的艺术品，已有多件被发现出来，并非像老普林尼所说的只有三件；他说其他艺术家们出于谦虚，都只题未完成式动词"试制"。[5]

在这整段资料里，温克尔曼找不到什么证据，来反驳这样一个假定：即刻文中的阿塔诺多柔斯只能是老普林尼所提到的参加雕刻拉奥孔雕像群的那位艺术家。阿塔诺多柔斯和阿提诺多柔斯其实只是同一个人，因为罗德岛人用的是多里斯的方言。但是对于温克尔曼就这个刻文所作的进一步的推论，我却要提一点意见。

第一，说阿提诺多柔斯就是阿格山大的儿子，这是很可能的，但也不能说一定。因为人所熟知的事实是：古代艺术家们题名，有时不题某某人的儿子，而题某某人的学生。例如老普林尼关于阿波罗琉斯和陶芮斯库斯两兄弟所说的话就不可能有其他的解释。[6]

但是怎样能说这个刻文就足以驳倒老普林尼所说的只有三件艺术作品，作者才在上面题完成式动词"制成"那句话呢？为什么要据这个刻文？我们老早就会从许多其他刻文里知道的东西，为什么偏要从这个刻文才初次知道呢？人们不早已在日尔曼尼库斯的雕像上发现"克里俄麦尼斯所制成"的题词吗？[7] 在所谓《荷马的礼赞》[8] 上也题了"阿希劳斯所制成"；在著名的迦伊塔花瓶上也题了"莎尔宾所制成"[9]；如此等等。

温克尔曼先生可以说："关于这个问题，谁能比我还知道更清楚？"但是他补充了一句："那对于老普林尼会更不利；他的话遭到反驳的次数愈多，也就愈无可否认地被驳倒了。"

还不能这样说。怎么能说驳倒，如果温克尔曼在老普林尼实际上所要说的话里加油加醋呢？如果所引的例证并不能驳倒老普林尼的原话，而只能驳倒温克尔曼所加进去的东西呢？实际的情况就是如此。我必须把整段原文引出来。老普林尼在给提图斯皇帝的献词里，[10] 要用谦虚的口吻来谈他自己的著作，他自己知道他的著作还不够完美。他从希腊人那里找到了这种谦虚的一个范例，在对希腊人爱用夸大的许下许多愿的书籍标题进行了讥嘲之后，他接着说：

> 但是我不愿意人们认为我在一切问题上都谴责希腊人，我愿意人们按照绘画和雕刻中的早期大师的标准来衡量我。这些大师您在这部书里可以看到，他们的最完美的作品是令人百看不厌的，而他们却在题词中表示出未完善的意思，例如"阿佩莱斯试制"或"波留克列特斯试制"，仿佛他们的作品总是处在刚开始或未完成的状态，因此艺术家就可以避免批评而得到宽容，使人觉得他存心要做一切必要的修改，如果他没有在中途被打断了工作。正是由于谦虚，他们在所有的作品上题词，都显示出所题的作品仿佛是他的绝笔，没有完成就被命运打断了。只有三件艺术作品，我相信此外就没有其他作品，才题上"某某人所制成"的字眼，我在下文还要谈到这三件作品。这种完成式的题词显示出艺术家们对于自己作品的完美有很大的自信，由于这个缘故，他们引起了人们的强烈的反感。

我请读者注意老普林尼所用的"绘画和雕刻中的早期大师"的字眼。他并没有说用未完成式动词来题作品的习惯是普遍的，为一切时代的一切艺术家所遵守的；他明确地说，只有早期古代大师——造型艺术的奠基人——像阿佩莱斯、波留克列特斯以及他们的同时代的人们——才具有这种明智的谦虚。他只提到这几个人的名字，言外之意是很清楚的：他们的继承，特别在近代，却表现出更自信。

如果我们承认了这一点（我想这是必须承认的），近来被发现的拉奥孔雕像群的三作者之一[11]的题词是完全确凿可凭的，而同时老普林尼的话也还是正确的，那就是说，只有三件艺术作品，作者才在题词上用了完成式动词"制成"，那就是阿佩莱斯、波留克列特斯、尼西阿斯和利西波斯的时代的一些较古老的作品。但是像温克尔曼那样把阿提诺多柔斯和他的合作者们看作阿佩莱斯和利西波斯的同时代人，却是不正确的。我们毋宁下这样的结论：如果在古代艺术家阿佩莱斯、波留克列特斯等人的作品之中，确实只有三件才在题词上用了完成式，如果老普林尼确实提出了这三件作品的名字，那么，阿提诺多柔斯既不属于这三件作品的作者之列，却又在作品上用了完成式的题词，他就不属于上述那些古代艺术家的行列了。他不可能是阿佩莱斯和利西波斯的同时代人，应该摆在较晚的时期。

总之，我相信可以把这一点看作一个很可靠的标准：凡是在题词上用"制成"的艺术家们都属于比亚历山大大帝晚得很多的时期，即略早于或正当罗马皇帝的时期。克里俄麦尼斯无可辩驳地如此，阿希劳斯也很可能如此，对于莎尔宾也无法证明他不如此。这话可以适用于其余的艺术家，阿提诺多柔斯也不是例外。

温克尔曼先生本人在这问题上可以当裁判人！可是我同时也要预先对相反的论点提出反对的意见。纵使在题词上用"制成"的艺术家们都属于晚期，在题词上用"试制"的艺术家们也不能因此就属于早期。在晚期艺术家之中，也许有些人真正具有这种与伟大人物相称的谦虚，而另外一些人却只假装出这种谦虚。[12]

注释

1. 见《古代造型艺术史》卷二。

2. 内图诺（Nettuno）即罗马时代的安提姆（Antium），在罗马城南约十五英里的海边，是古代罗马人的避暑地，后来在这地方发现很多的艺术作品，包括梵蒂冈所藏的阿波罗雕像和格斗士的雕像（见下章）。

3. 阿尔巴尼主教（Alexander Albani）是温克尔曼在意大利时的朋友和东道主，古典艺术作品的收藏家。

4. 刻文中的阿塔诺多柔斯（Athanodorus）和老普林尼所记载的阿提诺多柔斯（Athenodorus）只有一个母音（a 代替 e）之差，温克尔曼以为二人实即一人，母音之差由于罗德岛用希腊的多里斯（Doris）地区的方言，以 e 代替 a。

5. 艺术家在作品上题未完成式的"试制"，以别于完成式的"制成"，近似中国诗人题"未定稿"，表示谦虚。这段引文见温克尔曼的《艺术史》卷二。

6. 阿波罗琉斯（Apollonius）和陶芮斯库斯（Tauriscus）两兄弟，据老普林尼的记载，曾声称曼尼格拉提斯（Menecsates）是他们的"真正的父亲"，实际上只是他们的师傅。

7. 日尔曼尼库斯（Germanicus）是罗马皇帝，这座雕像现藏巴黎卢浮宫（Musée du Louvre）。

8. 《荷马的礼赞》是浮雕，参看 232 页注 31。

9. 莎尔宾（Salpion）所作的花瓶现藏意大利那不勒斯。

10. 老普林尼把他的《自然史》呈献给罗马皇帝提图斯，下面的话引自献词。

11. 即阿塔诺多柔斯，见上文"毕几俄基座"上的刻文。

12. 作者在本章中力图证明阿塔诺多柔斯参加过拉奥孔雕像群的工作，再从他在作品上题"制成"而不题"试制"，去断定他是属于晚期的艺术家。这种推论还是很牵强的，因为作者自己也承认晚期艺术家题"试制"的也大有人在。

第二十八章

鲍格斯宫的格斗士的雕像

在拉奥孔之外，我最急于想知道的就是温克尔曼先生对于所谓鲍格斯宫的格斗士[1]是怎么说的。我相信我自己对这座雕像有一个新发现，并且以此自豪，像人们对这类发现所能感到的自豪那样强烈。

我有些担心温克尔曼在这个问题上可能比我抢先一步。但是我发现他并没有；如果有什么能使我怀疑到自己的看法的正确性，那就是我的担心落了空。

温克尔曼说："有些人把这座雕像看成一个掷铁饼者（Discobolus）。享盛名的冯·施托施先生[2]在给我的一封信里也持这种意见，但他也没有足够地考虑到掷铁饼的人应该有什么样的姿势。如果一个人将要抛掷出一件东西，他的身体就一定要向后倾，当他做出抛掷的动作时，他的体重会落在右腿上，而左腿则是休息的。但是这座雕像的姿势却正相反。全身是向前倾的，体重是落在左腿上的，而右腿落在后方，是尽量伸直的。右胳膊是新补的，左手里放着一根标枪[3]，在左胳膊上可以看出他所戴的盾牌的皮带。如果我

193

们考虑到雕像的头和眼睛都是朝上望的，那人仿佛是用盾牌来抵御从上边来的袭击，我们就更有理由认为这座雕像所代表的是一个战士，在一个危险境遇中大显身手。在希腊人中间，似乎可以这样说，建立雕像的荣誉从来不会落在供公众娱乐的格斗士的身上；此外，这件作品看来也比格斗的把戏传入希腊的年代要早。"

我们不可能作出比这个更正确的结论。这座雕像既不是一个格斗士，也不是一个掷铁饼者，它所真正代表的是一位在危险中处在这种姿势而大显身手的战士。温克尔曼对这一点既然猜测得很妙，为什么不再前进一步呢？他为什么没有想到过去确有这样一位战士，他正是处在这种姿势，挽救了全军覆没的局面，对他表示感谢的国人替他建立一座雕像，就表现出他的这种姿势！

一句话，这座雕像所代表的是卡布里阿斯[4]。

奈波斯[5]在他所写的这位将军的传记里有下面一段话，就是证据：

他也被尊为最大的将军之一，曾经建树过许多值得纪念的功绩，其中最辉煌的要算他在援救比奥细亚人在靠近忒拜国的一次战役。在这战役里，敌军统帅阿格西劳斯自以为已操必胜之权，因为雇佣军已在崩溃。卡布里阿斯却严令大队的残兵守住阵地不动，教会他们怎样抵御敌人的攻击，这就是膝盖抵住盾牌，把标枪伸向前方。阿格西劳斯看到这种姿势，就不敢前进，吹起号角收兵。这个战绩驰名全希腊，雅典人替卡布里阿斯在广场上立雕像时他表示希望用御敌时的姿势。从此以后，就形成了一种风气，凡是立像纪念运动员和其他艺术家时，都用他们赢得胜利时的姿势。

我知道人们暂时还不会赞同我的看法，不过我希望那也只是暂时的。

卡布里阿斯的姿势和我们所看到的鲍格斯宫里的雕像的姿势似乎并不完全一样。伸向前方的标枪却是一样的，只是"用膝盖抵着盾牌"这半句被注释家们解释为：卡布里阿斯教他的士兵们紧紧地用膝盖撑住盾牌，藏在盾牌后面等着敌人；而雕像却相反，把盾牌举得很高。但是注释家们如果解释错了，该怎么说呢？倘若"用膝盖抵住盾牌"（obnixo genu scuto）几个字不是连在一起读，而是"用膝盖抵住"（obnixo genu）和"盾牌"（scuto）都是各自独立的，或是"盾牌"和下文"标枪伸向前方"连在一起读，该怎么说呢？只消在中间打一个逗号，上述两种姿势马上就极相似了。雕像代表一个战士，"膝盖向前伸，用盾牌和标枪抵住敌人的攻击"（qui obnixo genu，scuto projectaque hasta impetum hostis excipit）；这正表明卡布里阿斯所做的事，这就是他的雕像。这个逗点确实是需要的，还可以从加在"projecta"（标枪）后的"que"（和）来证明，因为如果"obnixogenu scuto"应该连起来念，那么这个"que"便是多余的，因此它在若干版本中也就被省略掉了。

艺术家在这座雕像上的题词所用的文字形式也完全符合它所来自的远古时代。温克尔曼本人也根据这种文字形式断定这是罗马目前存在的一座最古老的有作者题名的雕像。我且让他凭他那副锐敏的眼光去判断，是否从艺术观点还可以看出有什么和我的意见不相容的地方。如果他赏脸，对我的意见表示赞同，那么，我就可以自幸找到了一个例证，比起斯彭斯在他的整部著作里所提供的还能更好地说明，古典作家和古代艺术作品可以很妥帖地互相阐明。[6]

注释

1. 参看温克尔曼的《古代艺术史》卷二。鲍格斯宫的格斗士（Borgherishen Fechter），因为藏在罗马的鲍格斯（意大利望族）宫，故名。这座雕像现藏巴黎卢浮宫，一般和《掷铁饼者》相混，据说是公元前 5 世纪雅典雕刻家米隆（Myron）所作，一说是阿加西阿斯（Agasias）所作。原像已残损，特别是头和手，现存的是修补品或仿制品，例如有一件仿制品颈是俯视的，另一件仿制品头是回顾铁饼的。莱辛断定它是战士的像，也是臆测。

2. 菲利普冯施托施（Philip Von Stosch，1691—1757），德国收藏家，温克尔曼曾为他的收藏编目。

3. 译者所看到的两种复制品，右手所持的都是圆形盘，类似铁饼，左胳膊上没有缠皮带，而"鲍格斯宫的格斗士"在各方面都不同，特别是体重落在右腿上。温克尔曼显然把这两座不同的雕像混为一事。

4. 卡布里阿斯（Chabrias），公元前 4 世纪的雅典将领。下面引文所说的战役发生的公元前 378 年，敌方是斯巴达国王阿格西劳斯（Agesilaus）。

5. 奈波斯（Nepos），公元前 1 世纪罗马史学家。

6. 莱辛后来在《考古学书简》里撤销了他在本章中所提的看法。

第二十九章

温克尔曼的《古代艺术史》里的几点错误

温克尔曼先生写他的著作，一方面凭他的无限渊博的学问和他对艺术的深广而精微的知识，另一方面在工作中却显示出他有古代艺术家的那种高尚的信心，尽全力去探讨首要的东西，对次要的东西仿佛采取故意疏忽的态度，或是完全留给随便什么人去处理。

只犯每个人都能避免的错误，这实在是一个不很小的优点，这种错误任何一个人随便浏览的读者都可以看出，如果我们注意到它们，也只是为着提醒那些以为只有自己才有眼睛的人们，使他们明白这种错误是值不得注意的。

早在他的《论希腊艺术作品模仿》一文里，温克尔曼就已几次被尤尼乌斯[1]引入迷途。尤尼乌斯是位很不可靠的作者。他的全部著作都是一种东拼西凑，由于他经常援用古人的话语，他往往把古书中的某些段落应用到绘画上去，而那些段落在原文中所谈的却与绘画毫不相干。例如温克尔曼想要人了解：单凭模仿自然，无论在一书中还是在诗中，都不能达到最高的成就；诗人和画家都应该宁可选用合情合理（可信）的不可能，而不选用仅仅是可能的东西；接着他加上一句："朗吉弩斯要求画家须见出'可能性的真实性'，诗人则相反，可以用不可信的东西，他说的'可能性和真实性'与这里所提出的看法是一致的。"这点补充就最好删去，因为这句话把两位最大的批评家说成是仿佛互相对立的，[2]这是完全没有根据的。说朗吉弩斯说过这种话，这也是不确的。他只对于修辞和诗说过类似的话，所谈的并不是诗与绘画。他在给特冉庭的信[3]里说："你不会不知道，修辞家的描绘是一回事，诗人的描绘却是另一回事；诗的描绘目的在于引起激情，而演说中描绘的目的却在于生动明晰。"他还说："此外还应该说，诗人运用夸大的语言，虚构性较大，超出一切可信的东西，而在修辞家的描绘里，最好的东西却是现实的和正确的东西。"只是尤尼乌斯才用"绘画"来代替"修辞"；也只是在尤尼乌斯而不是朗吉弩斯的著作里，温克尔曼才读到"特别是诗的想象的目的在于引起激情，而绘画的想象的目的却在于明晰生动，而且诗人运用夸大的语言，像同一位朗吉弩斯所说的……"。对，这是朗吉弩斯的词句，但不是朗吉弩斯的意思。[4]

还有下面的看法也和上例的情况相同。温克尔曼说："希腊人物形象的一切动作和姿态，只要不具有智慧的性质而是太热烈和粗野的，就犯了古代艺术家们所称为'虚假激情表现'（parenthyrsus）的一种错误。"古代艺术家们？这也是根据尤尼乌斯才能证明。"虚假激情表现"是修辞学里的一个术语，也许只有提奥多柔斯所专用的，朗吉弩斯有一段话似乎使人有这样的了解："除此之外，还有第三种毛病，提奥多柔斯把它叫作'虚假激情表现'。那就是不应有而有的不恰当的激情，或是应节制住却没有节制住的激情。"我很怀疑这个术语一般能否转用到绘画上面。因为在修辞和诗里，有一种激情可以尽量地提得很高，而不至于成为"虚假激情表现"；只有最高的激情用得不是地方，才算是"虚假激情表现"。但是在绘画里一切最高的激情都永远是"虚假激情表现"，尽管表现这种激情的人所处的情境有为他辩护的理由。

照表面看，他的艺术史里有各种各样的不精确处，也要归咎于温克尔曼在匆忙中参考了尤尼乌斯而没有检查原著。例如当他要用例证去说明希腊人特别尊重各种艺术和工作中的卓越成就，连最微细工作中的工匠也可以享不朽的盛名时，在许多例证之中他也引用了下面的一个[5]："我们知道一位制造精确天平和衡量仪器的工匠的名字，他叫作巴提琉斯。"温克尔曼引来作证的尤维纳利斯[6]的话，"巴提琉斯制造的盘"（Lances parthenio factas），只能是从巴提琉斯目录中读到的。如果他参考尤维纳利斯本人的作品，他就不会因"Lanx"一词的暧昧而致误[7]，就会马上从诗的上下文中看出，诗人所指的并不是天平或衡量仪器，而是碗碟。尤维纳利斯当时是要颂扬卡图卢斯[8]，在海上遭到危险的风暴，像海狸咬去自己的肉去逃生一样，下令把他的最珍贵的东西都抛到海里去，一面它们把船压沉。他描写了这些财宝，其中有下面所说的一些东西：

> 毫不踌躇吝惜，抛去了碗碟，
>
> 那是巴提琉斯亲手制造的；
>
> 还有一个大双耳杯，也许佛路斯，
>
> 或富斯库的妻子用它饮过酒；
>
> 接着抛下成堆的杯盘，
>
> 古代奥林塔国王御厨的宝物。

"Lances"在诗里和杯盘并列，不是碗碟是什么呢？尤维纳利斯所要说的不过是：卡卢图斯把他的一切膳厨银器都抛到海里，其中有巴提琉斯所制造的碗碟，一位古代注疏者说，"巴提琉斯是一个银匠的名字"，而格兰加斯在他的注解里在这名字后加上"雕刻家，老普林尼提到过他"，一定是随便写的，因为老普林尼从来没有提到这么一个艺术家的名字。

温克尔曼接着又说，"连替埃阿斯制造皮盾牌的那位马具匠（我们现在这样称呼他）的名字也保留下来了"。这一点也不可能是根据他叫读者参考的那部权威著作，即希罗多德[9]的《荷马传》。因为这部著作的确引用了《伊利亚特》中的诗句，其中诗人把塔伊球斯的名字安在这位皮匠的身上，但是书里明白地说，实际上荷马认识一位叫这个名字的皮匠，为着要表示他的有意和感激的心情，就把他的名字插进诗里。[10]

> 但是他（荷马）向塔伊球斯表示好感，这位皮匠当荷马到他的
> 铺子里去时，曾经款待过他，所以在《伊利亚特》里插进这样一段
> 诗[11]：
>
> 埃阿斯走上来，拿着一面高塔式的
>
> 七层牛皮外包铜的大盾牌，
>
> 这是胡拉的巧匠塔伊球斯的作品，
>
> 他用七张大牛皮叠在一起，
>
> 第八层他包了光彩灿烂的铜板。

所以情况和温克尔曼所说的恰恰相反，制造埃阿斯的盾牌的那位马具匠的名字在荷马时代早已被人忘去了，诗人就随意用了另外一个名字。

还有其他许多小错误只是由于记错了，或是只涉及他信手拈来说明的事物，例如帕拉修斯[12]夸口他所画的神按照他所画的样子向他"显圣"，那个神并不是酒神巴克斯而是大力神赫拉克勒斯。[13]陶芮斯库斯并不是罗德岛的人而是吕底亚的特拉理斯的人。[14]《安提戈涅》不是索福克勒斯的第一部悲剧。[15]

不过我不想堆砌这类末节，这里所说的话不能看作谴责，凡是知道我对温克尔曼多么崇敬的人都会把它看作吹毛求疵。

注释

1. 参看 18 页注 5。

2. 指亚里士多德和朗吉弩斯。亚里士多德在《诗学》第二十五章里说过："从诗的要求来看，一种合情合理的不可能总比不合情理的可能较好。"温克尔曼说朗吉弩斯要求画家须见出可能性和真实性，诗人却可用不可信的东西（即不可能的），这就仿佛和亚里士多德的话不一致了。

3. 朗吉弩斯给特冉庭（Terentianus）的信就是《论崇高》一书，下面的引文见《论崇高》第十五节。

4. 朗吉弩斯指的是修辞不是绘画，尤尼乌斯误引。

5. 见《古代艺术史》卷一。

6. 参看 57 页注 5。

7. 拉丁文"Lanx"指一般的盘，大平上也有盘，所以被误认为天平。

8. 卡图卢斯（Catullus），古罗马望族的姓氏。此处指公元 2 世纪罗马执政凯乌斯·卢太修斯，曾率领罗马海军大胜迦太基人；不是指公元 1 世纪的同名的罗马诗人。

9. 希罗多德（Herodotus，公元前 484—公元前 424），希腊历史学家。

10. 见《荷马传》，韦塞尔（Wessel）所编本，第 756 页。

11. 见《伊利亚特》卷七，第 219 行起。

12. 帕拉修斯（Parrhasius），公元前 4 世纪希腊画家。

13. 见《古代造型艺术史》，卷一。

14. 同上书，卷二。

15. 同上书，卷二。

附录一

关于《拉奥孔》的莱辛遗稿（摘译）[1]

甲．提纲 A[2]

第一部分

1. 拉奥孔：对温克尔曼的观点的批驳。真正的理由是美的规律。证明美是古代艺术的最高规律。[3]

2. 第二个理由：化随时变化的为常住不变的。顶点的顷刻是最不能产生效果的。[4]

3. 雕像和诗人的图画的对比。二者的差别何在，何以有这些差别。[5]

4. 二者的一致。从这种一致中可能作出的假定：诗人也许看到了雕刻家的作品。希腊人关于这个问题所说的话完全不是这样，因此，很可能是雕刻家模仿了维吉尔。[6]

5. 斯彭斯不大会同意我的意见。按照他的奇怪体系，诗人的一切功劳就要被埋没。证明他对绘画和诗的各个领域的理解都很差，例如：（1）关于盛怒中的女爱神，（2）关于寓意性的人物。[7]

6. 克路斯对诗人却比较公允。他承认艺术家们得力于诗人的地方很多而且还可以更多。他对荷马史诗中的图画的看法，对他根据荷马史诗中不可眼见的事物而提出的一系列连环画题材的指责。[8]

7. 克路斯根据所描绘的图画多寡去评判诗人的价值高低的误解，他没有见到诗人所用的图画和可供画家利用的图画之间的差别。他总是只注意到后者，而蔑视前者，但是只有根据前者才能评判诗人价值的高低，从《伊利亚特》卷四中举例证。[9]

8. 诗人的图画只有在很少的机会才能变成画家的图画，原因。诗人所描绘的是先后承续的动作，画家所描绘是独立自在的东西。举例说明荷马知道怎样把独立自在的东西转化为动作。[10]

9. 从这个观点来回答对荷马所写盾牌的指责，诗人是根据艺术家的意图来描绘的，却不受造型艺术界限的拘束。[11]

第二部分

1. 温克尔曼的艺术史已出版，对它的称赞。他对拉奥孔的年代是怎么说的，他没有丝毫的历史根据，只是单从他的艺术观点去判定。老普林尼在谈到拉奥孔时，显然把它看作晚期艺术家的作品。驳玛菲的意见，温克尔曼对这个意见没有完全指责，原因何在。[12]

2. 从"试制"和"制成"的区别论证拉奥孔不是很古的作品，对老普林尼的有关段落的详细说明。[13]

3. 如果拉奥孔不属于温克尔曼所判定的时代，它仍然配得上属于那个时代，这一点对于旨在培养审美趣味的一部艺术史就已经够了。此外，温克尔曼比较详细地说明了拉奥孔的静穆，他赞同我的意见，这就是：造成这种静穆的是美。

4. 他说了这样一句话：阿尔卑斯山那一边的新近诗人们[14] 有较多的画景可画，但是画出来的比较少，希望就这句话加以评论。诗的图画与造型艺术的图画的分别是从哪里起来的，是从绘画与诗所用的符号的分别起来的。绘画所用的符号是在空间中存在的，自然的；而诗所用的符号却是在时间中存在的，人为的。[15]

5. 一个在空间中，一个在时间中。因此，前者宜于描绘物体，后者宜于表现运动。前者通过物体去暗示运动，后者通过运动来暗示物体，所以物体的详细描绘对于诗是不许可的。如果诗对物体所详细地描绘，那也不是作为模仿的艺术，而是作为解说的工具，如果绘画把不同的时间放在同一空间中去描绘，它也就同样不是模仿的艺术而只是解说的工具。[16]

6. 就其特性来说，美不是诗的题材，而是一切造型艺术所特有的题材；荷马不曾对海伦进行描绘，但是古代画家们却对她的每一个美的标志都加以利用。宙克西斯的海伦。[17]

7. 关于丑。辩护在诗里写忒耳西忒斯。这种形象不宜出现在绘画里。克路斯不主张画忒耳西忒斯是对的，而拉摩特[18]却不对。忒耳西忒斯被用在模仿性诗歌里。尼柔斯在希腊人中不是最美的，所以克拉克在《文学书简》中的说法是错误的。[19]

附注：关于嫌厌。佩特罗尼乌斯的纠纷[20]。

8. 美是物体的绘画价值。因此我们自然就涉及古人的一条法则：表情必须服从美。绘画中美的理想也许导致了诗中道德完善的理想。不过这里应该想到理想怎样应用于动作[21]。动作的理想在于：（1）缩短时间，（2）提高动作的动机，排除偶然的东西，（3）打动情感。[22]

9. 诗人尤其不宜描绘无生命的美。谴责汤姆生诗中的图画。关于风景画家，风景的美是否有理想。否定这一点。所以风景画家的价值较小。希腊人和意大利人都没有风景画家。举帕萨尼亚斯的《倒翻过来的马》为例[23]，证明古代人连处在从属地位的（作为背景的）风景也从来不画。假说：用透视的绘画完全是由风景画产生出来的。[24]

10. 诗描绘物体，只通过运动去暗示。[25] 诗人的妙技在于把可以眼见的特征化为运动。举一棵树的高度为例。再举一条蛇的体积为例。关于绘画中的运动。为什么画里面的运动只有人才感觉到动物却感觉不到。关于速度。

11. 因此，诗描绘物体，只用一两个特点。画家想描绘这种特点时所常遇到的困难。两种诗的图画的区别：一种是可由画家很容易地而且很好地把其中特点画出来的；另一种却不然。荷马所描绘的图画属于前一种，弥尔顿和克洛普斯托克所描绘的图画则属于后一种。[26]

12. 假说：弥尔顿失明，这影响了他的描绘方式。举可以眼见的昏暗为例证。

13. 这里的第一个理由也许是东方风格。摩西斯（门德尔松）的假说：原因在于绘画的贫乏。《圣经》中的东西并不一定就是美的。如果语法家可能在《圣经》里发现到一种很坏的语言，那么，艺术批评家在《圣经》里也可以发现到很坏的图画。圣灵在这两方面都适应受苦难的人类；假如上帝的启示[27] 发生在北方的国家里，它就会采取完全另类的风格，现出完全另样的图画。

14. 荷马只有很少的弥尔顿式的图画，这种图画使人惊奇，但对人没有吸引力。正是因为这个缘故，荷马终于是最伟大的描绘家。他把每幅图景都想得很周全而明确，就连在布局安排上也显出一副绘画家的眼睛。评荷马在描绘群众的场面，从来不超过三个人在一起。

15. 关于诗画双方所共同的集体动作。

第三部分 [28]

1. 从自然的符号和人为的符号之间的区别说起，绘画所用的符号并非全都是自然的；人为事物的自然标志总不能像自然事物的自然标志那样自然。

这里有许多约定俗成的规矩，举云为例。

2. 它们由于体积的变化就不再是自然的。[29] 画家有必要用原物的实际大小尺寸。在描绘崇高的山水风景时，艺术就有缺陷。诗可以引起晕头转向，绘画却不能。[30]

3. 诗所用的符号也不单纯是人为的。文字作为音调来看待，可以很自然地模仿可以耳闻的对象。这是众所周知的。但是文字作为彼此可以摆在不同地方的东西，也能把不同部位的事物逐一地或并列地描绘出来。实例。器官的运动也可以表现出来事物的运动。实例。

4. 通过寓意体引进较多的人为的符号，寓意体是否适合，就要看它能否帮助艺术保持美，避免粗野的表达方式。

5. 过于远离本题的寓意体不宜用，它们总是晦涩的。用拉斐尔的《雅典学院》来说明：特别是用《荷马的礼赞》来说明。[31]

6. 人为的符号在舞蹈艺术中的用处。正是在这方面，古代的舞蹈艺术远胜于近代的舞蹈艺术。

7. 人为的符号在音乐中的运用。试图据此说明古代音乐的奇妙和价值。关于立法者在这方面所取得的权力。

8. 一切美的艺术应受限制而不许尽量推广和改良的必要性。因为这种推广会使美的艺术离开它们的目的，丧失它们的感动力。欧拉[32]在音乐方面的发明。

9. 关于近代绘画的进展。因此，这门艺术变得非常难，很可能，我们所有的艺术家都摆脱不掉平庸。在次要方面的东西（例如光和影以及透视）中所犯的错误对于整个作品就有影响。对于这些局部的东西的完全忽视会使我们感到缺陷。

10. 号召造型艺术家们从古代走回来，多从事于描绘我们时代的事情。亚里士多德劝告画家画亚历山大的功绩。[33]

乙．提纲 B（为续编拟的）[34]

30. 温克尔曼在艺术史里把他自己的观点阐明得较详细，他也承认静穆是美的一种后果。

有必要在这类问题上把自己的思想尽可能精确地表达出来。一个错误的理由反比没有理由更坏。

31. 温克尔曼仿佛只从古代艺术作品中抽绎出美的最高规律。但是我们也可以同样正确地通过单纯的推断去达到美的最高规律。因为如果只有造型艺术才能表现形体的美[35]，如果在这过程中无须借助于其他艺术，如果其他艺术须完全放弃表现形体美，那么，无可辩驳的结论就会是：这种美只能是造型艺术所特有的目的。

32. 但是属于物体美的不只是形体的美，此外还有颜色的美和表情的美。

从颜色美的观点看，着肉色与单纯着色的分别。着肉色还是一种着色，不过它的对象还有一种明确的形体美，尤其是人体美。单纯的着色只是一般局部色彩的运用。

从表情美的观点看，暂时性的东西与永久性的东西之间的分别。暂时性的东西是勉强的，所以不美。永久性的东西是暂时性的东西经常复现的结果，不仅与美相宜，而且还使美显得更丰富多彩。

33. 物体美的理想。它是什么？它主要在于形体的理想，同时也在于着肉色和永久性的表情两方面的理想。

单纯的着色以及暂时性的表情都没有理想，因为自然本身在这两方面没有预先安排什么确定的东西。

34. 把绘画的理想移植到诗里是错误的。绘画的理想是一种关于物体的理想，而诗的理想却必须是一种关于动作（或情节）的理想。竺来敦在弗列斯诺瓦[36]的序文里的话，洛思所引的培根的话[37]。

35. 如果期望和要求诗人不仅写出完善的道德的人物，还要写出具有完善的物体美的人物，这就更不恰当。但是温克尔曼在评判弥尔顿时却提出这种要求。见《古代艺术史》第28页。

温克尔曼好像对弥尔顿读得很少，否则他就应该知道人们早已指出的事实：弥尔顿只知要描绘的是恶魔，不必乞援于形体的丑。

力图就恶魔的丑进行精致地描绘的也许是圭多·雷尼 [38]（见竺来敦的《论画艺》的序文，第9页）。但是不管是他，还是另外的人，都没有把它画出来。

弥尔顿所描绘的丑的形象，例如罪恶神和死神，和他的主要情节完全无关，只是用来填塞插曲性的部分。

弥尔顿的艺术手腕见于把恶魔作为施苦刑者和受苦刑者这两重性格分开，而按照一般的看法，二者是结合在一起的。

36. 但是弥尔顿的主要情节之中可描绘的东西很少，对，但是不能从此得出结论说，弥尔顿不曾描绘它。

诗只通过某一点独特的特征来描绘，而绘画却要把其余的一切特征都放进去。所以在诗里可以有绘画所描绘不出的画境。

37. 因此，荷马之所以能把一切都描绘出来，其原因不在于他的卓越的天才，而仅仅在于题材的选择。这方面的例证，第一个例证，对于各种不可以眼见的对象，荷马也和弥尔顿一样，不用绘画式的处理，例如争吵之类。

38. 第二个例证，对于可以眼见的对象，弥尔顿也处理得很出色。乐园中的爱。画家在处理这种题材时所表现的单调和贫乏。与此相反，它在弥尔顿的作品里却显得丰富。

39. 弥尔顿在连环画方面所显示的本领。《失乐园》每一卷中都可以举出例证。

40. 弥尔顿作品里可以眼见的个别对象的描绘。在这方面他还会胜过荷马，只是上文已提到，这类描绘并不属于诗。

我的意见：这类描绘是由于他失明。

失明的痕迹在诗的许多个别段落中可以看到。

这是证明荷马并不曾失明的一个反证。

41.通过驳斥对于《伊利亚特》中例如宫殿描绘的若干指责，提供新的论证，来证明荷马只用先后承续的连环画面。通过这种宫殿描绘，他只想使人对它的伟大得到一种概念。阿尔岂弩斯国王的花园的描绘[39]；这里荷马也不把它当作一眼就看出其为美的那种美的对象来描写，它本来就不是这样的对象。

42.就连在奥维德的作品里，先后承续的连环画面也是最常见的而且最美的，这些画面正是绘画所不曾描绘而且也无法描绘的。

43.在描绘动作的画面之中还是一种，其中动作不是在某一个物体上逐渐显的，而是在一些不同的并列的物体上显现出的。我把这种称为集体动作，这些是绘画和诗所共用的（都能描绘的）。但是界限不同。

44.正如诗人只用暗示方式，通过运用去描绘物体一样：他也设法把物体的可以眼见的特征化为运动。例如在大小尺寸、方向。举树的高度、金字塔的宽度和蛇的体积为例。

45.关于绘画中的运动；为什么在画里只有人才看到运动，而动物却看不到。

46.关于速度以及诗人表现速度的各种手段。

弥尔顿诗中的一段，卷十，第90行。对于神的速度的一般想象远不能产生荷马用任何一种方法所描绘的形象所产生的效果。荷马也许不说"神立即降临"而说"神已降临"。[40]

丙. 关于《拉奥孔》的笔记[41]

A. 第一卷的笔记

1. 第十二章（关于绘画能否产生崇高）

觉拉[42]的看法和我的相反，他认为绘画也可以表现与体积巨大相联系的崇高。他说："绘画尽管不能保持这种体积，却能显出它的相对的巨大，这就足以产生崇高。"他错了。这固然足以使我认识到这些相对巨大的对象在自然中一定是崇高的，但是不足以引起它们在自然中所会引起的那种情感。一座巨大庄严的庙宇使我不能一眼就看遍，它之所以崇高，正因为我的眼睛可以在它上面周围巡视，无论我的视线停在哪里，我都可以看出各个类似的部分都现出同样的伟大、坚实和单纯。……但是如果把这座庙宇移到一块铜板的窄小空间里，它就会失其崇高了，就不能引起我的惊奇了，正因为我一眼就可以把它看遍。如果我设想把它照原来的体积描绘出来，我也只感觉到这样按原来体积画的庙宇会使我惊奇，但是实际上我并不感到惊奇。我固然可以对它的形体和它的高贵的单纯感到惊奇，但是这种惊奇却不起于看到体积本身，而起于看到艺术家的熟练技巧。

2. 第十四章（读理查森[43]的《画论》）

"读过弥尔顿之后，我们就有比以前较高明的眼光去发现自然，就会在自然中看到以前没有注意到的一些美点。"

这也是艺术家从诗人那里所能得到的唯一的真正的教益。对于艺术家，诗作品仿佛应提供无限多的眼睛和一种放大镜，通过这种放大镜，他就能看到只凭肉眼所不能分辨出来的东西。

3. 第十六章（诗画界限）[44]

诗和画的类似和一致已经多次得到了充分的讨论，但是这种讨论往往不够精确，不足以防止对于诗或画的一切坏影响。这种坏影响在诗中表现为描绘狂，在画中表现为寓意狂。人们想把诗变成一种有声的画，而不能确切地知道诗能够描绘什么，应当描绘什么；人们也想把画变成一种无声的诗，而不能确切地知道画应否描绘思想，或是应描绘哪种思想。如果人们对于诗和画的差别和分歧也加以适当地衡量，上述错误就可以避免。

诗和画固然都是模仿的艺术，处于模仿概念的一切规律固然同样适用于诗和画，但是二者用来模仿的媒介或手段却完全不同，这方面的差别就产生出它们各自的特殊规律。

绘画运用在空间中的形状和颜色。

诗运用在时间中明确发出的声音。

前者是自然的符号，后者是人为的符号，就是诗和画各自的特有的规律的两个源泉。

同时并列的模仿符号也只能表现同时并列的对象或同一对象中同时并列的不同部分，这类对象叫作物体。因此，物体及其感性特征是绘画所特有的对象。

先后承续的模仿符号也只能表现先后承续的对象或是同一对象的先后承续的不同部分。这类对象一般就是动作（或情节）。因此，动作是诗所特有的对象。

不过一切物体不仅在空间中存在，而且也在时间中存在。物体持续着，在持续期中的每一顷刻可以现出不同的样子，处在不同的组合里。每一个这样顷刻间的显现和组合是前一顷刻的显现和组合的后果，而且也能成为后一顷刻的显现和组合的原因，因此仿佛成为一个动作的中心。因此画家也能模仿动作，不过只是通过物体来暗示动作。

就另一方面来说，动作不是独立自在的，必须隶属于某人某物。这些人和物既然都是物体，诗也就能描绘物体，不过只是通过动作来暗示物体。

绘画在它的并列的布局里，只能运用动作中某一顷刻，所以它应该选择孕育最丰富的那一顷刻，从这一顷刻可以最好地理解到后一顷刻和前一顷刻。

诗在它的先后承续的模仿里，也只能运用物体的某一特征，所以诗所选择的那一种特征应该能使人从诗所用的那个角度，看到那一物体的最生动的感性形象。

由此得出描绘性的形容词须单一的规律，以及物体对象的描绘须简练的规律。正是在这方面，荷马显出他的宏伟风格，而与此相反的错误则是多数近代诗人的一个弱点，他们正想在必然要被画家打败的那一点上去和画家争胜。

诗人如果描绘一个对象而让画家能用画笔去追随他，他就抛弃了他那门艺术的特权，使它受到一种局限，在这种局限之内，诗就远远落后于它的敌手。

既然形状和颜色是自然的符号，而我们用来表达形状和颜色的文字却不是自然的符号，所以运用形状和颜色的艺术比起只能满足于运用文字的艺术，在效果上必然要远较迅速生动。

运动通过文字来表达，比起颜色和形体通过文字来表达，会较为生动，所以诗人要想把物体对象写得栩栩如生如在目前，他宁可通过运动而不通过颜色和形体。……

4. 第二十章至二十三章[45]

Ⅰ.荷马在忒耳西忒斯身上描绘了丑，但是从来不描绘美；他仅仅说，尼柔斯美，阿喀琉斯更美，海伦具有一种神人似的美；但是从来不就这几种美进行详细的描绘。我们值得花一点劳力来寻求这里面的原因。我认为原因在于以下几点：

1.美的概念比丑的概念较不明确。关于美，每人都可形成自己所特有的理想，这和最高的真正理想多少有些距离。诗人要从这种理想中所提出的一些个别特征也是如此，它们不可能对一切读者都产生同样效果，而他却要对一切读者传递同样的概念。所以他能让每个人的想象有自由发挥的余地，而满足于让人从效果上去判断主要原因的威力。例如海伦的美，我们不能很清楚地看见，而是从这美对老人们所产生的效果上感觉到。

2.纵使假定一切人对于同样的特征和对称都感觉到同样的美，这些特征如果在一次是以并列的方式由我们一眼看到的，而在另一次是以先后承续的方式历数出来而使我们认识的，它们就会完全不一样。前者是画家所能办到的，所以美是他所特有的对象（或题材）。只有后者才特属于诗人的范围，而最美的特征和对称经过一一历数出来，也不能产生连最平庸的绘画也能产生的那种效果。诗人的描绘比起画家的绘画，其关系就不过像表示一座壮丽的石柱的高度和凸出形状的图表之于存在于自然中的这座石柱本身，或是由素描家按原型描摹出来的石柱。

3.关于丑的概念，人们却比较一致。通过分解丑的组成部分，丑所赢得的多于它所丧失的。

Ⅱ.荷马通过描写各个并列部分而描绘一个美的或崇高的对象时，总是运用一种很值得注意的艺术技巧，这就是加上个比喻，使分解开来的对象又以整体显现在我们眼前，使达到的明确概念又消失掉，因而使对象成为一种对感官而言很清楚的东西。

例证：荷马对阿伽门农的描绘，《伊利亚特》卷二，第478—481行，蒲柏把这段诗完全译糟了，因为他没有感觉到这种艺术技巧，把比喻先说出了。

5.第十八章（连环画与三一律⁴⁶）

（理查森的《画论》）曾经有过很大的画家，试图把一连串的故事画在一幅画里，例如提香本人就曾经把浪子的全部故事从离开父亲的家到遭到穷困都画在一起。理查森说，这种不近情理的情况颇类于不高明的戏剧体诗人所犯的错误，他们越出了时间的整一律，让一出戏的情节经过一整年才演完。但是画家的错误却比诗人的错误远较不合情理，这是因为——

1.诗人有一种手段，去帮助我们的想象弥补时间和地点的整一所遭到的破坏，而画家却没有这种手段。透视的手段在这方面是不够的。

2.诗人的错误总是还和真实性保持着一定的比例。如果我们第一幕在罗马，第二幕在埃及，时间上毕竟有先后，不是同时在这两个地方。例如主角在第一幕结婚，在第二幕就已经有了成年的儿女，这两幕之间毕竟有一段时间的间隔。但是对于画家来说，许多不同的地方必然都要摆在一个地方，许多不同的时间也必然都要摆在时间的同一点上，因为我们同时把画中一切都一眼看遍了。

3.这一点是最主要的，因为在画里就失去了主角的整一性。因为我既然一眼就看遍一切，我就同时不止一次看到主角，这就会产生一种最不自然的印象。

B. 提纲的笔记

1. 提纲 A，第三部分，1 和 2 [47]

人们说，绘画运用自然的符号。一般说来，这话是正确的。但是不应设想绘画就完全不用人为的符号，关于这一点当在另处再谈。[48]

现在应让人们知道，就连绘画用的自然的符号在某种情况之下也可以不再完全是自然的。

我想到的是：在这类自然的符号之中最重要的是线以及线所组成的形体。单使这些线彼此之间恰恰保持它们在自然中本有的关系，还是不够的。它们之中每一条还必须和原来的大小尺寸一样，而不是缩小的，而且还要用看绘画所应采取的观点去看它。

　　所以凡是要用完全自然的符号的画家就必须按照原物的大小尺度或至少相差不太远的大小尺度去画，凡是离开这种尺度太远的画家，例如室内挂的画和缩形小画的作者，固然基本上也可以成为大艺术家，却不能指望自己的作品能显出前一类画家作品所能显出的那样的真实性或是产生同样的效果。

　　一指长或一寸长的人体固然也是一个人的形象，但是在一定程度上毕竟是一种象征性的形象。在这里我更意识到这符号而不大意识到符号所代表的实物，我不得不在想象中把那缩小的形体放大到它原来的大小尺寸，而我的心灵的这种活动，无论怎样迅速而轻便，毕竟会阻碍对符号所代表的实物的知觉恰恰能赶上对符号的知觉。

　　人们也许反驳说："可以眼见的事物的体积，就它们被我们看到来说，是变化不定的；这要看距离的远近，有一种距离就使人体显得只有一指长或一寸长；我们只需按照这种情况，把这样的距离以外的这样缩小的形体画出来，就能使所用的符号还是完全自然的。"

　　但是我回答说，人体在远距离中看来只有一指长或一寸长时，也就显得不清楚，但是小画面的前景中的缩小的形体却不是这样，它们的各部分都很清楚，这就和所假定的远距离发生矛盾，就会太明显地使我们想起，这些形体是缩小了的而不是距离很远的。

　　人们都知道，体积的巨大有助于产生崇高的印象，这种崇高通过在绘画中的缩小就会完全消失，绘画中的最高的楼，最陡最粗犷的峭坡和悬崖甚至不能引起它们在自然中所能引起的那种恐怖和昏眩的影子，而在诗中它们却能在适当的程度上引起这种效果。

　　莎士比亚写爱德加引葛罗斯特到悬崖尖端让他准备跳下去的那一段诗是多么惊人的一幅图画！

爱德加：“来吧，父亲！

这就是那地方了；站着不要动。

眼睛朝深谷望下去，头晕目眩：多可怕呀！

各种乌鸦在半途的空中飞旋，

看起来还没有甲壳虫那么大。

采海茁的人悬在峭壁的半腰上，

身子还没有头大，干那种活真险呀！

一些渔夫在海滩上走来走去，

像一些田鼠；那里停泊了一只船

缩小了像只救生艇，而它的救生艇

缩成了一个浮标，小得看不见。

这里太高，也听不见惊涛拍岸声。

我不敢再看了，怕的是晕头转向，

眼力差，一下子就跌下去了。”[49]

试拿莎士比亚的这一段诗比一比弥尔顿的《失乐园》卷七第210行起的一段，在这里上帝的儿子朝那无底的混沌深渊望下去。它的深度要大得多，但是这段描绘不能产生什么效果，因为它不让我们看到什么生动具体的东西。莎士比亚却通过对象的逐渐缩小，很卓越地产生了生动具体的印象。

2. 提纲A，第三部分，3和4 [50]

绘画运用自然的符号，这就使它比诗占了很大的便宜，因为诗只能运用人为的符号。

不过在这方面诗与画的差别也不像一眼乍见的那么大，诗并不只是用人为的符号，它也用自然的符号，而且它还有办法把人为的符号提高到拥有自然符号的价值和力量。

首先有一个事实是确定的，最初的语言是从谐声起来的，最初造出的文字和它们所指的事物原来具有一定的类似点。这类文字在现在各国语言里都还可以找到，其多寡程度与语言本身距离语源的远近成比例。从这类文字的灵活的运用就产生了人们所说的诗的音乐性的表达方式，人们常举出很多的例证。[51]

尽管不同的语言在绝大部分的个别词汇方面差别很大，它们在按照最原始的人用最原始的声音区别表达自己的情况之下，毕竟还有很多的类似点。我指的是表达情感的方式。我们用来表达惊讶、喜悦和苦痛的那些小词，即所谓惊叹词，在各国语言中都相当一致。所以可以看作自然的符号。所以这类小词的丰富当然就标志一种语言的完善。尽管我很明白，这类词汇落到蠢人手里可以遭到滥用，我却绝对不赞成要把这类词汇完全抛开的那种冰冷的清规戒律。人们不妨看一看菲洛克忒忒斯在索福克勒斯的悲剧里用那么丰富多彩的惊叹词去表达他的苦痛。[52]一个用近代语言来翻译这部悲剧的人会感到很伤脑筋，不容易找到代替这惊叹词的近代词汇。

还有一层，诗所运用的不只是个别的词汇，而且这些个别词汇还要处在一定的先后承续的系列中，所以这些词汇尽管不再是自然的符号，它们所组成的系列却具有自然符号的力量，这就是说，如果这些词汇先后承续得很完善，就像它们所表达的事物本身那样。这又是诗的一种技巧，至今还没有受到适当的讨论，值得举例来做一番说明。

上文所说的足以证明诗并非绝对不用自然的符号。诗还另有一种办法，把它的人为的符号提高到拥有自然符号的价值，那就是隐喻。自然符号的力量在于它们和所指事物的类似，诗本来没有这种类似，它就用另一种类似，即所指事物和另一事物的类似，这种类似的概念可以比较容易地也比较生动地表达出来。

比喻也属于这种隐喻的运用，因为比喻基本上不过是一种说明白了的隐喻，或者说，隐喻不过是一种含蓄的比喻。

绘画不可能运用这种办法，这就使诗占很大的便宜，诗因此可用一种符号，这种符号同时具有自然符号的力量，只是它还要通过人为的符号把这符号本身表达出来。

3. 提纲 A，第三部分，6 和 7 [53]

把多种美的艺术结合在一起，以便产生一种综合的效果，这种可能性和难易程度就要随这些艺术所用的符号的差异而定。

美的艺术一部分用人为的符号而另一部分却用自然的符号，这种差异在这种结合中当然不能特别提出来研究。因为人为的符号正因为它们是人为的，可以用来表达在一切可能的配合中的一切可能的事物，所以就这方面来说，它们与自然符号的综合总毫无例外是可能的。

但是这些人为的符号既然同时也是先后承续的符号，而自然的符号却不是全都先后承续的，而是一种须同时并列的，所以不言而喻，人为的符号和这两种自然符号的结合就不能同样地容易，也不能同样地贴切。

很显然，先后承续的人为的符号和先后承续的自然符号相结合，比起它们和同时并列的自然符号相结合，就较为容易，也较为贴切。但是在这两方面还可能有另一种差别，就是这些符号还有涉及一种感觉的和涉及多种感觉的之别，所以这种结合的贴切又有程度上的差别。

I.1. 诉诸听觉的先后承续的人为符号和诉诸听觉的先后承续的自然符号的结合，在一切可能的结合之中，无疑是最完善的，特别是在这两种符号不仅涉及同一感觉，而且可以同时用同一感觉器官去接受和复现。

诗与音乐的结合就属于这一种，自然仿佛不仅注定它们要结合，而且注定它们要成为同一种艺术。

219

过去确实有一个时代，诗和音乐合在一起形成一种艺术。我并不因此就否认诗与音乐后来划分开来是自然的结果，我尤其不愿谴责有诗而无乐或是有乐而无诗，但是我仍然感到惋惜，由于这种划分，人们就几乎完全不再回想到它们原先的结合；纵使回想到，人们也只把这一种艺术看作只是另一种艺术的助手，不再认识到双方所产生的综合的效果都有同等的功劳。这里还须指出，人们实际上只用一种结合方式，把诗变成一种辅助性的艺术，这就是歌剧，至于音乐处在辅助地位的那种结合却还没有实现。或者应该这样说，人们在歌剧里就同时想到这两种结合，这就是在乐调中想到诗处在辅助地位的结合，在歌词中想到音乐处在辅助地位的结合。好像是这样。不过这里有一个问题：这种轮流地使一种艺术服从另一种艺术的混合式的结合，对于同一个整体来说，是否很自然呢？两种结合之中比较能满足感官欲的那一种（这无疑是诗服从音乐的那一种）是否会损害另一种结合，是否显得过分悦耳，以致另一种结合所产生的较小的快感显得太枯燥无味呢？ [54]

　　上述两种艺术之间的隶属关系在于一种走在另一种前面，成为主要部分，而不在于一种只是适应另一种，碰到双方的不同的规则发生冲突时，一种就向另一种尽可能地让步。这后一种情况在古代艺术结合中就发生过。

　　但是如果两种艺术的符号真正能紧密地结合在一起，何以又有上述"不同的规则"呢？它们是从这样一种情况来的：双方的符号固然都在时间承续中发挥作用，但是对应这两种符号的时间长短尺度却不一样。音乐里的孤立的单音并不是符号，它们不指什么，不表达什么；音乐的符号是能打动情感和表达情感的先后承续的音组。文字的人为符号则不然，它们本来就有所指（即表达），作为人为符号的个别单音在诗中可以表达出很多的东西，如果要让音乐去表达，就非用一个很长的音组不可。从这里就产生了一套规则：诗在要和音乐结合时就不能很凝练，它的美就不在于用尽可能少的字去表达出最好的思想，而在于用一些最长的最柔软的字，用音乐所用的那种拖长方

220

式，把每个思想表达出来，才能产生某种类似的效果。人们常谴责作曲家们说，对于作曲家们来说，最坏的诗仿佛就是最好的诗。他们认为这样就使作曲家们显得可笑。但是作曲家们之所以最喜欢这种诗，并非因为它坏，而是因为它不那么凝练。这并不等于说，凡是不凝练的诗就一定是坏的；这种诗可以是很好的，尽管单从诗的角度去看，它还可以更刚劲些，更美些。但是它根本就不应单从诗的角度去看。

毫无疑问，不是一切语言都同样适宜于音乐；只是没有哪一个民族甘心让他们的语言处于较不适宜的地位。语言之所以不适宜于音乐，并不尽由于发音的重浊，也在于字短，如上文所已提到的；由于字短，并不是因为短字通常是发音重浊的，彼此不大容易结合在一起的，而是因为字既短，读起来所需要的时间也就短，跟不上音乐和音乐的符号。

没有一种语言具有充分的条件，使它的符号所需要的时间能和音乐符号所需要的时间恰恰相等，我相信，正是由于这个缘故，作曲家们往往用一整段乐调来谱一个字音。

2. 随着诗与音乐的这种最完善的结合之后，就是诉诸听觉的先后承续的人为的符号与诉诸视觉的先后承续的人为的符号，二者的结合，这就是音乐与舞蹈的结合，诗与舞蹈的结合以及原已结合的音乐和诗再与舞蹈的结合。

在这三种在古代都可以找到例证的结合之中，音乐与舞蹈的结合又是较完善的。因为尽管是诉诸听觉的符号与诉诸视觉的符号可以相结合，这两类符号所必有的时间差别却因而消失，而这种时间差别在诗与舞蹈的结合或原已经结合的音乐和诗再与舞蹈的结合之中仍是存在的。

3. 如果诉诸听觉的先后承续的人为符号与诉诸听觉的先后承续的自然符号二者的结合是存在的，那么，诉诸视觉的先后承续的人为符号与诉诸视觉的先后承续的自然符号的结合是否也存在呢？[55] 我认为这种结合就是古代的手势剧或哑剧，如果我们不考虑到哑剧还与音乐相结合。因为这一点是确实的：哑剧不仅由自然的运动和姿势组成，而且也借助于人为的运动和姿势，其意义是约定俗成的。

我们必须了解这个情况，才能看出古代哑剧的完善，哑剧与诗的结合也很有助于这种完善，不过这是一种特殊的结合：其中相结合的不是这类符号和那类符号，而只是这种符号的系列适应那种符号的系列，不过在表演中这后一种结合就被压下去了。[56]

Ⅱ. 以上所说的是完善的结合：此外还有先后承续的人为的符号与同时并列的自然的符号二者的不完善的结合，其中最显著的是画与诗的结合。由于画和诗所用的符号有在空间中并列和在时间上先后承续的分别，它们就不能有完善的结合。不能从结合中产生综合的效果，而只是一种艺术服从另一种艺术的结合。

首先是画服从诗的结合。属于这种的有卖歌行乞者的惯技，一面唱，一面把歌的内容画出来，指给听者看。

克路斯所说的那种结合较近于古代哑剧与诗的结合。这种结合是用另一种艺术的符号系列，来确定这一种艺术的符号系列。[57]

4. 提纲 B，31 [58]

一种美的艺术的固有使命只能是不借助于其他艺术而能独自完成的那一种。就绘画来说，它的固有使命就是物体美。

为着要把不止一种的物体美集中在一起，人们就走到历史画。

表达或描绘历史并不是画家的最后目的。历史只是一种手段，画家的最后的目的是达到丰富多彩的美。

近代画家显然把手段变成目的。他们为画历史而画历史，没有想到这样办，他们就把他们的那门艺术变成其他艺术和科学的一种助手，或者至少是把其他艺术和科学的帮助变成不可缺少的，以致完全丧失了那种艺术的原始价值。

5. 提纲B，33[59]

表达物体美是绘画的使命。

所以表达最高的物体美就是绘画的最高使命。

最高的物体美只是在人身上才存在，而在人身上也只有靠理想而存在。

这种理想在动物身上已较少见，在植物和无生命的自然里就简直不存在。

这就给花卉画家和山水风景画家排定了地位。

这种画家模仿美，但不能找到任何理想；所以他纯粹靠眼和手去工作，天才在他的作品中起很小的作用或是简直不起作用。

不过我仍然永远把山水风景画家看作比一种历史画家强，这种历史画家不以美为他的主要目的，只描绘大堆的人物，单凭表情而不凭眼从美的表情去显示他的熟练技巧。

7. 提纲B，43[60]

在我们的口头讨论中我们已提出了一些看法，现在我要用下列方式来改善我对于诗的图画和正式图画的两种对象所进行的分类：

> 绘画描绘物体，通过物体，以暗示的方式，去描绘运动。
> 诗描绘运动，通过运动，以暗示的方式，去描绘物体。
> 对着一个目标的一系列的运动叫作一个动作（情节）。

这一系列的运动或是发生在同一物体上，或是分布在许多不同的物体上。如果它们发生在同一物体上，我就把它叫作一种个体的动作（情节）；如果它们分布在许多物体上，我就把它叫作一种集体的动作（情节）。

同一物体的一系列的运动既然要在时间中发生，所以绘画就显然完全不能要求用个体的动作为自己的对象。个体的动作只是诗所特有的对象。

另一方面，一系列的运动所分布在上面的那些不同的物体必然是在空间中并列的，所以空间是绘画的独特领域：因此，集体的动作必然属于绘画的题材。

这些集体的动作既然要在空间中完成，是否因此就不能列在诗的图画题材之内呢？

不然。因为这些集体的动作尽管在空间中发生，它们对观众的效果却是在时间中发生的。这就是说：我们一眼能看遍的空间有它的界限，在许多并列的部分之中，我们一次所能生动地认识到的却极少，所以这就需要有时间去把这巨大空间看遍，逐渐把其中丰富多彩的东西认识完。

因此，诗人可以把我从画家那里只能逐渐看到的东西，也逐渐地描绘出来。这样看，集体的动作是绘画和诗的公共领域。

我说它们是绘画和诗的公共的领域，但是诗和画却不能用同样方式去创造。

纵使假定对个别部分的观照在诗里也能和在绘画里一样迅速，它们在诗里结合在一起，却远比在绘画里难，而且结合成的整体在诗里也不能产生像在绘画里所产生的那样好的效果。

因此，诗须在部分上找到弥补它的整体上所丧失的东西，而且不轻易去描绘一种集体的动作，其中每一部分，孤立地看来，并不是美的。

这个规则却不适用于绘画。在绘画里把本来分别看到的个别部分结合在一起，可以进行得很快，使得我们相信实际上只需一眼就把整体看遍了：所以绘画宁可疏忽部分，不可疏忽整体。对于绘画来说，在这些部分之中夹杂一些不很美的平庸的部分不但是可允许的，而且是有益的，只要这些平庸的部分有助于整体的效果。

画家在描绘集体的动作中应多注意整体的美，而诗人却应多注意使每一个别部分都尽可能地美。这两点规则是评判画家和诗人的许多图画的标准，而且是指导他们选择题材的稳妥的指针。

例证：米开朗琪罗如果遵照这个规律，就不应画《最后的审判》[61]。还不消说这幅画由于缩小体积在崇高方面受到多么大的损失（因为最大的画面也不过只能画出一种具体而微的"最后的审判"），就说那种一目了然的安排也不可能美，人物太多了。尽管每一个都画得很精巧，却弄得人眼睛昏眩，容易疲倦。

比安的《临死的阿多尼斯》[62]是一幅卓越的图画。不过我怀疑这个题材如果落到画家手里能否得到一种很美的布局，如果他只保留诗人所写的大部分（我不说全体）细节。一群狗熊在阿多尼斯身旁号叫，这在诗人作品里本是很动人的，但是把它们摆在女爱神和女林神们中间，就会产生一种很坏的效果。

8. 提纲B，45[63]

由于造型艺术的局限，它们所表现的人物都是不动的。它们显得仿佛在活动，这是我们的想象所附加上去的；艺术所做的只是发动我们的想象。传说赛克西斯画了一个小孩，手里拿着一串葡萄，在这幅画里艺术非常接近自然，以致鸟儿都向这里飞。但是赛克西斯对此却不高兴。他说："我画葡萄比画小孩更成功；如果把小孩也画得很完善；鸟儿看见他就会害怕，不敢飞来。"一个谦虚的人是怎样常常嘲讽自己啊！我要用赛克西斯的话来反驳赛克西斯说，亲爱的画师，如果你把小孩也画得很完善，他也不会使鸟儿吓得不敢向葡萄飞来。动物的眼睛要比人的眼睛难受欺骗些；动物只看见他们实在看到的东西，我们人类却被想象所迷惑，所以我们相信看见自己实在没有看到的东西。

C. 杂记

1.[64]

并非一切运用听觉的先后承续的人为符号的作品都可以成为诗。绘画既然应看作诗的姊妹艺术，为什么一切运用视觉的同时并列的自然符号的作品都可以成为绘画呢？

正如（视觉的前一种符号同人为的符号）有一种用途，其目的不在产生逼真的幻觉，不在使人娱乐而在使人受到教益，不在使人有所欣赏而在使人有所理解，这就是说，正如语言有散文，绘画也有散文。

所以有诗的画家，也有散文的画家。

散文的画家不求使他要模仿的那些事物符合他所用的那种符号的本质。

1. 他所用的符号是同时并列的，而他却用它们去描绘先后承续的事物。

2. 他所用的符号是自然的，而他却把这种符号和人为的符号混在一起用，寓意体画家就是如此。

3. 他所用的符号是诉诸视觉的，而他却不用这种视觉符号描绘视觉对象，而是用它们去描绘听觉或其他感觉的对象。用荷加斯的《愤怒的音乐家》为例来说明。[65]

2.[66]

在绘画中缩小体积就要冲淡效果。

一个美的形象，如果用缩形画去表现，就不可能引起按照原体本来大小尺寸去画的同一个美的形象所能引起来的那种快感。

但是在无法保持原体积的情况下，观者至少就会期望能拿它和某种熟悉的确定的大小尺寸进行比较，去判定它的大小尺寸。

最熟悉最确定的大小尺度是人的形体。因此，几乎一切不同的长度都以人体或人体的某些部分为标准，例如一肘长[67]，一足长，一围长，一步长，一人高之类。[68]

因此我想，对于山水风景画家来说，人的形体在他的作品中除掉显示高级生活之外，还有一层重要的功用，那就是用作衡量画中其他对象的大小尺寸以及彼此之间距离的标准。

如果他不用这个标准，他就须画些为人的使用和方便而制造出来的东西以便多少能弥补这个缺陷。这些东西就是按照人的大小尺度来安排的，例如房屋、茅舍、围墙、桥梁、阶梯之类就可以有这种功用。

如果艺术家要想描绘一个完全空旷的荒野，一个渺无人迹的地方，他至少也应放进去一些大小尺寸为人所熟知的动物，从这些动物和其余对象之间的关系，我们也可推测出那些对象的体积大小。

如果缺乏一种熟悉的确定的尺度，这不仅对山水风景画，而且也对历史画都会发生很坏的效果。冯·哈格多恩[69]说过（见《画论》169页）："诗的构思由于只供人想象，所以可以允许巨人和侏儒同时出现，但是画在构思和布局上却不能这样随便，这样灵活。"他用古代名画，提曼特斯[70]的《睡着的独眼巨人》为例来说明他的意见。为着要显示这位巨人的巨大身材，画家在他的身边画些林神用拐杖量他的大拇指。冯·哈格多恩觉得这是妙想天开，但是他认为这在绘画布局上既不符合布局的基本知识和现代关于光影的观念，而且也有损于绘画所应有的自然的平衡。我们可以相信冯·哈格多恩的话，这幅画确实有他所指出的一切缺点。但是它们只是在过分讲究的批评家看来才是缺点。我根据上文所说的关于体积的话，还可以指出另一个缺点，而这个缺点却是每个人的眼睛都能看到的，对于没有训练的眼睛更是如此。

当诗人向我提到巨人和侏儒时，我从这些名字就知道他指的是离开人体惯常大小尺寸的两个极端。但是当画家把一个巨大形体和一个矮小形体配合在一起时，我根据什么可以知道它们代表两个极端呢？我可以轮流地时而把那个巨大形体、时而又把那个矮小形体看作寻常大小尺寸的形体。如果我把那个矮小形体看作寻常的，那个巨大形体就变成"巨无霸"，如果我把那个巨大形体看作寻常的，那个矮小形体就变成一个小人国的人。在前一种情况下，我还能想到一个更大的形体，在后一种情况下，我也还能想到一个更小的形体。所以，画家所要描绘的究竟是一个巨人还是一个侏儒，或者是一个巨人和一个侏儒在一起的问题，仍然没有解决。

朱里诺·罗马诺 [71] 并不是唯一的模仿过提曼特斯的画家。[72] 佛朗丝·佛洛理斯 [73] 在他的素描《赫拉克勒斯在矮人们中间》也仿了这种画意，考克在1563 年曾把这幅素描制成版画，[74] 我怀疑这幅素描是否算得上成功。因为他把矮人们不是作为畸形的驼背的侏儒，而是作为在一切方面都长得很正常的小人去描写的，所以我无从断定画的是不是一些身材大小很正常的人，而睡在橡树下的赫拉克勒斯是不是一个巨人，如果我没有从棍棒和狮皮认出那是赫拉克勒斯，如果我不曾知道古代人虽然把赫拉克勒斯说成一个身材魁梧的人，却不曾把他说成一个巨人。提曼特斯让一个林神用拐杖去量独眼巨人的大拇指，佛洛理斯让一个矮人用一根棍子去量赫拉克勒斯的脚板。赫拉克勒斯在矮人们的心目中够得上巨人，正如独眼巨人在林神们的心目中那样；这固然是事实，但是这里类似的测量方式却不能产生类似的效果。林神们在形状上是人所熟知的，他们的身材大小是和一般人一样的，所以当他们量独眼巨人的大拇指时，我们从此就可以很清楚地知道独眼巨人比他们大多少。矮人们的情形也是如此，他们的测量可以令人想起赫拉克勒斯有多么巨大。但是这里重点不在赫拉克勒斯的巨大而在矮人们的矮小，这正是佛洛理斯所应生动地表现出的。这就只有一种办法，就是在矮人的矮小之外还要画出我们对于矮人所惯常想到的其他特征，例如丑陋或长和宽的比例不相称。他应该把矮人们画得像凸面镜或凹面镜中的形体，亚里士多德就曾拿矮人比较过这种形体。[75]

3.（各门艺术各有特殊的用途）

我认为一门艺术的使命只能是对这门艺术是特别适宜而且唯一适宜的东西，而不是其他艺术也能做得一样好、如果不是做得更好的东西。我发现普鲁塔克[76]有一个比喻很好地说明了这个道理。他说："谁若是用一把钥匙去劈柴而用斧头去开门，他就不但把这两种工具都弄坏，而且自己也失去了这两种工具的用处。"

4.

艺术批评家应该注意的不只是艺术所能做到的事，而首先是艺术所应尽的使命。艺术所能做到的事不应都要做到。只有当我们忘记了这个原则时，我们的艺术才会变得更烦琐，更困难，而效果也就变得更小。

5.（理查森的《画论》，第12页）[77]

理查森是从国民经济的观点去看造型艺术，因为他说造型艺术会增加国家的财富。艺术家们进行工作，确实只用很少的而且不太贵的材料，而造出来的东西却贵重得多。

但是财政家们如果因此被引入迷途，用工厂大量生产的方式去推动绘画生产，这就会不可避免地导致艺术的衰落和审美趣味的死亡，而且到最后，作品也就会不比原料贵多少。

6.（理想）

古代人不许按照凡人去为神造像，不管凡人的形象多么美和多么崇高。他们要求一种特殊的高尚的理想。

但是女爱神却被普拉克什特提斯等人按照名妓——一个克拉庭娜或一个弗赖尼[78]去描绘了。

梅茵兹的大主教阿尔伯图斯也犯了同样亵渎神圣的罪："他有一次叫人按照他的情妇的样子去画圣母的像，把它放在一座教堂里。"（引自荣格的《论无生气的画》）

7.[79]

每一门模仿的艺术都应该首先凭所模仿的对象所特有的那种优美去使人喜爱，去感动人。物体既然是绘画所特有的题材，而物体的绘画价值又在于它的美，所以道理就很明显，绘画应挑选尽量美的物体。理想美就是从这里来的。因为理想美与粗暴勉强的情绪不相容，画家就应避免表现这种情绪。因此在姿势和表情上就应有静穆或静穆的伟大。依我猜想，把这条绘画的原则生硬地搬到诗艺里的做法，纵使不是造成完善的道德的人物性格那条错误规则的原因，也是加强那条规则的力量。诗人固然也追求一种理想美，但是他的理想美所要求的不是静穆而是静穆的反面。因为他们所描绘的是动作而不是物体，而动作则包含的动机愈多，愈错综复杂，愈互相冲突，也就愈完善。

所以在这种动作里，完善的道德的人物至多只能扮演一种次要的角色。如果诗人不幸让这种人物扮演首要的角色，那么，较坏的人物就会被他挤到不重要的地位，而实际上坏人比好人在动作中所占的份子反而较多，因为好人的心灵静穆和坚定原则不容许他多参加动作。弥尔顿用恶魔做他的诗中的主角，就因此遭到谴责。这种谴责之来，并非由于他把恶魔描绘得太伟大、太坚强、太大胆；错误所在比这还深刻。它是由于全能的上帝不需要用恶魔来为达到他的目的所必须使用的那种巨大努力，面临着他的敌人的激烈的活动和准备而泰然不动，这种静穆固然符合他的崇高品格，但是丝毫没有诗意。[80]

注释

1. 莱辛在思考和写作《拉奥孔》的过程中所写下的纲要和笔记，据包恩缪勒主编的莱辛选集五卷本第三卷选译，只有"杂记6"一节（关于理想美）五卷本未选，根据彼得森和布德等主编的莱辛全集二十五卷本第四卷译出。

2. 提纲 A 是莱辛开始写《拉奥孔》时写来供好友门德尔松和尼柯莱等讨论的。原分三部分，他写成的第一部分实际上也包括了提纲 A 中第二部分的要点。

3. 参看第一章。

4. 第三章。

5. 第五章和第六章。

6. 参看第五章和第六章。

7. 第七章和第八章。

8. 第十一章。

9. 第十三章至第十五章。

10. 第十五章以下。"独立自在的东西"指静物。

11. 参看第十九章。这里"艺术家"指盾牌的制造者；"造型艺术的界限"指雕刻描绘物质为媒介，以别于诗用语言为媒介。

12. 第二十四章。

13. 第二十七章。

14. 指瑞士苏黎世派诗人。

15. 第十六章。

16. 参看第十五章和第十八章。

17. 第二十章和第二十二章。

18. 拉摩特（La Motte，1672—1731），法国诗人和戏剧作家，著有《论荷马史诗》。

19. 第二十三章和二十四章。

20. 第二十四章和二十五章。佩特罗尼乌斯（Petronius），罗马皇帝尼罗的幸臣，写过一部描写罗马贵族荒淫生活的故事。

21. "动作"即情节。

22. 属卷二。

23. 参看第十九章。帕萨尼亚斯（Pausanias）系泡生（Pauson）之误，希腊名画家。

24. 此或属卷二。

25. 第十六章。

26. 第十三章。

27. 指摩西在西奈山以上帝的名义向希伯来民族所颁布的法律，见《旧约·出埃及记》。

28. 第三部分的内容大半属于续编，参看《提纲B》以及《笔记》。

29. 例如本来很大的东西变得很小，就不很自然。

30. 这就是说，崇高不属于绘画范围。

31. 《荷马的礼赞》是普里厄涅（在小亚细亚）的雕刻家阿契劳斯所做的一件浮雕，雕的是文艺女神们向荷马致敬礼。原作藏伦敦大英博物馆。

32. 欧拉（Euler），18世纪著名的数学家和物理学家，瑞士人，毕生在俄国工作，著有《音节新论》一书（1739，圣彼得堡）。他曾企图阐明耳朵在几种音响的和声中所得到的快感。

33. 参看第十一章。

34. 提纲B是在《拉奥孔》第一卷写成时拟的，所以从三十章起，紧接第一卷最后一章，即第二十九章。这部分提纲没有写成书，所以对研究莱辛关于诗画界限问题的思想全貌是重要的资料。

35. 原文是Form，本义是"形式"，译"形体"或"形状"较妥。

36. 佛列斯诺瓦（Du Fresnoy），法国批评家，著有《论画艺》一书，序文对诗与画进行了对比，英国诗人竺来把这部著作译成英文（1695），作了序文。

37. 洛思（Lowth），18世纪的伦敦主教，以在牛津大学教授希伯来诗歌而著名。所引的话见培根的《论科学证明》，原意是诗人所描绘的事迹应比在现实生活中的历史中所见到的较富于英雄气概。

38. 圭多·雷尼（Guido Reni），文艺复兴后期的意大利画家。

39. 见《奥德赛》卷七。

40. 《失乐园》卷十，第90行原文大意：全岸都历历在望，神立即降临，而神的速度是时神所不能计算的，尽管用飞快的分秒。

41. 这部分资料是莱辛在写《拉奥孔》过程中所写下来的感想、读书笔记和某些章节的初稿，其中有关于第一卷的，也有关于续编的，前者大部分已写在书里，后者则涉及第一卷所未提到或提到而不加发挥的一些看法，例如自然的符号和人为的符号、综合艺术、个体动作和集体动作、理想之类。这部分特别重要，所以摘译较多。

42. A. 觉拉（A. Gerard，1728—1795），苏格兰阿伯丁大学教授；著有《论趣味》一书，对歌德和席勒等人发生过影响。"趣味"即鉴赏力。

43. 参看第二十五章。

44. 莱辛五卷选集的原注："这章和下章是《拉奥孔》的精华……是莱辛用精确的形式把全书的中心问题表达出来的最成熟的尝试。"

45. 这一节论丑与美的差别，比书中第二十章至第二十三章要简赅些，条理也清楚些，而且有些论点是书中没有谈到的。因此，这部分笔记可能是初稿，也可能是第一部分写成之后的改订稿，上一节也是如此。

46. 三一律，或三整一律：戏剧中的时间、地点和情节都应整一。

47. 这一节论绘画用自然的符号，宜保持原物的大小尺度，所以很难描绘崇高巨大的对象，而诗利用缩小仍可产生崇高的效果。

48. 参看下一节笔记。

49. 见莎士比亚：《李尔王》，第四幕第六场。爱德加向想跳海自杀的葛罗斯特佯言已走上海边峭崖顶上，实际上他们还没有走出室内。

50. 这一节论诗不仅用人为的符号，也用自然的符号；诗还可以把人为的符号提高到自然的符号（隐喻）。

51. 这里所指的就是像汉语中的谐声字。

52. 参看第四章。

53. 这一节讨论综合艺术的问题，特别是诗与音乐综合的问题。

54. 莱辛在这里讨论到西方歌剧的勉强性，歌剧既可以看作诗服从于乐，又可以看作乐服从于诗；把它看作是诗服从于乐，当然比较自然，但是诗的效果就会受到损害。可参看西方音乐界关于瓦格纳的歌剧作品的争论。

55. 据原注，利用诉诸视觉的先后承续的人为符号的简单艺术，就是哑巴的语言。

56. 配合诗的哑剧在表演中只用自然符号（动作姿势），不用人为符号（诗的语言）。

57. 读者不妨就现代电影的角度来考虑一下综合艺术的问题。

58. 这一节反对历史画。

59. 这一节论理想美，山水画不能有理想美，但仍比历史画强。

60. 这一节论个体的动作和集体的动作的差别：诗写个体动作，画写集体动作；在二者都写集体动作时，画宜更多地重视整体，诗宜更多地重视部分。

61. 米开朗琪罗的《最后的审判》是罗马西斯廷礼拜堂中壁画的一部分画耶稣重来人间，对世人做最后的审判。这幅画人物很多，表情也很多样，在布局上是很大胆的，其复制品在一般艺术史里容易找到。

62. 比安（Bion），公元前 2 世纪希腊牧歌诗人，他的《阿多尼斯的哀歌》还流传在西方。阿多尼斯（Adonis）是一位美少年，为女爱神所爱，在打猎中为狗熊咬伤致死，使女爱神极哀痛，众神于是让他每年还魂到人世间住六个月。

63. 这一节论想象的迷惑作用。

64. 这一节论绘画中也有诗和散文的分别。

65. 荷加斯的《愤怒的音乐家》是一幅名画，画一个音乐家怎样为周围乱七八糟的噪音所激怒，从画面可以见到，在音乐家的窗前有一个唱歌的挤奶姑娘、一些边敲鼓边叫喊的儿童、一个吹笛人、一个摇铃的传令差和其他大吵大闹的人群。

66. 这一节论绘画中形体大小尺度的标准。

67. 英、德古尺名 Elle，其原义为肘，约长 114 厘米。

68. 一足长即一英尺长，约 0.3 米。一围是两膀伸直时的长度，约 1.8 米长。

69. 参看 52 页注 1。

70. 参看 18 页注 12。

71. 朱里诺·罗马诺（Guilio Romano），亦称庇庇（Pippi），意大利画家，拉斐尔的门徒和助手，死于 1546 年。

72. 见理查森的《画论》卷一。

73. 佛朗丝·佛洛理斯（Frans Floris，1517—1570），荷兰画家，主要作品有《恶天使的堕落》。

74. H. 考克（H. Kock，1510—1570），荷兰画家和镂刻家，曾根据佛洛理斯等人的作品制过版画。

75. 见亚里士多德：《问题》，第十部分。

76. 参看扉页注 1。见普鲁塔克的《论迷信者》一文。

77. 参看 52 页注 1。这一节反对从经济利益观点去看艺术。

78. 普拉克什特提斯，公元前 4 世纪的希腊雕刻家。弗赖尼是公元前 4 世纪雅典名妓；克拉庭娜不详。

79. 这一节论理想美，静穆理想宜于画而不宜于诗。

80. 莱辛反对把温克尔曼的静穆理想运用于诗，要求诗中的人物性格在行动中见出复杂的冲突，这种看法代表当时的进步倾向。

附录二

甲. 莱辛给尼柯莱的信，

1769 年 3 月 26 日 [1]

....

　　我对你的《图书杂志》[2] 最近一期所发表的对我的《拉奥孔》的批评，感到满意。我想批评者的名字对我是熟悉的。但是我和这名字的主人却没有见过面，等到这位作者读到我这部著作的续编，他就会看到，他所提的异议并不中肯。我愿意承认我的书里有许多地方表达得不够明确——但是怎么能不是这样呢？我只不过才开始研究诗和绘画的一个差别，这个差别起于它们所用符号的差别，一种符号在时间中存在，另一种符号在空间中存在。这两种符号都同样可以是自然的或是人为的；因此，绘画和诗都有两种：高级的和低级的。绘画所用的符号是在空间中存在的，有自然的也有人为的；这种差别[3]在诗所特有的在时间上先后承续的符号中也可以看到。说绘画只能用自然的符号，和说诗只能用人为的符号，都同样是不正确的。但是有一点却是确凿无疑的。绘画脱离自然的符号愈远，或是愈把自然的符号和人为的符号夹杂在一起，它离开它所能达到的完美也就愈远；而就诗方面来说，它愈使它的人为的符号接近自然的符号，也就愈接近它所能达到的完美。因此，较高级的绘画是只用存在于空间中的自然符号的那一种绘画，较高级的诗也是只用存在于时间中的自然符号的那一种诗。因此，历史画和寓意画都不能属于高级的绘画，因为这两种绘画，为着便于了解，都须运用人为的符号。我所指的绘画中的人为的符号不仅是涉及服装的，而且在很大程度上也涉及身体方面的表情。因为绘画中这些因素尽管由于描绘它们所用的符号还是自然的符号，而不能算是人为的，但是它们毕竟是人为对象的自然符号，比起自然对象的自然符号来，引不起那样普遍的理解，产生不出那样迅速而有力的效果。如果绘画的最高法律是美，而批评我的人也承认，一般说来，画家在服从这最高法律时才真正是画家，那么，他和我就是一致的，他所提出的反对意见就和我不相干。因为我关于绘画所说的话只指力图达到绘画的最高的特殊效果的那种绘画而言的。我从来不曾否认，除此之外，绘画还很可以产生其他效果，我只想说，如果产生其他效果，作品仍然可以称作绘画。我从来不怀疑历史画和寓意画所产生的效果，更不曾希望把这两类绘画完全排除掉，我所要说的只是这两类的画家，比起以美为唯一目的的那类画家来，只能算是在较小程度上尽了画家的职责。难道批评家对这一点也不同意吗？

最后还须就诗说几句话，免得你对上文所说的发生误解。诗应力求尽量地把它的人为的符号提高到成为自然的符号，只有这样，诗才成为诗而有别于散文。提高的手段是音调、词句、词句的位置，音节长短、修辞格、辞藻、比喻等等。所有这些手段都只能使人为的符号较接近自然的符号，但是还不能就把它们变成自然的符号。因此，凡是只用这些手段的那一类诗就必须看作较低级的诗，而最高级的诗就要把人为的符号完全变成自然的符号。戏剧体诗就属于这一类，因为在戏剧体诗里文字已不再是人为的符号，而变成了人为的对象的自然的符号，[4] 亚里士多德说过，戏剧体诗是最高级的诗，而且是唯一的诗，而史诗则只有在大部分是或可能是戏剧性的时候，他才把它摆在第二位。⁵ 他替这个看法所找到的理由固然和我的理由不同，⁶ 但是他的这个理由可以归纳到我的理由中去，只有把亚里士多德所说的理由纳入我的理由里，我们才能使他的话不致遭到可能的错误的应用。

如果你愿意和摩西斯先生⁷费些许时间就我这封信谈一谈，请告诉我他对上文所说的话有什么看法。我在《拉奥孔》的第三部分当进一步发展我的观点。⁸……

乙.古人如何表现死神（节译）⁹

……如果要我们相信骷髅在古代表现死神，那么就得给我们拿出有说服力的证据，或是艺术表现本身的证据，或是古代作家们明确说出的证据。但是这两种证据都不存在。就连最微弱的、间接的证据也找不着。

我所说的间接的证据是指诗人们的提示和描绘。在任何一位罗马或希腊的诗人作品中，能找到最微弱的痕迹，使我们可以猜想到他见到过死神被描绘为骷髅，或是他自己有这种想法吗？

在诗人作品中，死神的描绘是常见的，而且往往是很可恐怖的。他是"苍白的，枯黄的"；"他鼓着黑翅膀飞游"；"他拈着一把刀"；"他露着饥饿的牙齿"；"他突然张开贪馋的大嘴"；他指爪染红沾着他所掠食的东西的血；他的形体巨大而奇怪，投影就遮盖了整片战场；他把许多城市登时就一扫而空。¹⁰ 但是在这些描绘里哪里有骷髅的影子？在欧里庇得斯的一部悲剧里，死神甚至和台上动作的人物混在一起。那里他也被描绘成凄惨的、可恐怖的、冷酷无情的。但是即使在那里，他也远不像是一具骷髅，尽管我们知道古代舞台上的面谱和化装从来不怕用比骷髅还更可怕的形象去引起观众的恐怖。看不到有什么明显的痕迹，足以证明除掉死神的黑衣以及他用来剪去自己的头发去献给阴曹地府的神们时所用的那把剪刀以外，还有其他标志死神的东西。也许他还有翅膀。

但是人们也许要问：这些箭头[11]之中是否有一些会反击到我自己身上来呢？如果人们向我承认，在诗人们的许多描绘中确实看不见这种骷髅，我是否也应承认，那些描绘里虽然看不见骷髅，也毕竟太可怕，不宜和我认为在古代艺术作品中可以见到的那种死神的形象[12]相提并论呢？如果从诗的描绘中所找不到的东西能得到一个可以应用到艺术的物质的图画上去的结论，那么，从这种诗的图画描绘里所能找到的东西中是否可以得到一个同样有效的结论呢？[13]

我回答说，不然。这两种结论都不完全是有效的。诗中的图画比起艺术中的画图范围要广大得多：特别是在对一个抽象的观念进行人格化之中，艺术只能表达这个观念中最一般最基本的东西。艺术必须放弃对一般是例外、与基本性质相对立的那些偶然的东西，因为这些偶然的东西会使事物本身成为不可认识的，而艺术的目的首先是要使人能认识。诗人则不然，他把他的人格化的抽象的观念提升到成为活的能行动的人物，允许这种人物在某种程度上违反这种抽象观念而行动，可以让这种人物现出每一特殊具体情境所要求的种种变化，而丝毫不至于使我们看不见他的本质。

因此，如果艺术要把死亡这个抽象观念变成使我们可以认识的，除非通过一切可能事例中的死亡所共有的那种标志之外，它还能有或应该有什么办法呢？这种标志如果不是安静和无知觉的状态，又是什么呢？艺术愈想表达出偶然的东西，而这些偶然的东西在个别事例里却摒除了这种安静和无知觉的观念，如果它不加上一些解释的文字或一些不比文字更好的约定俗成的符号，它所作的图画也就必然愈不可认识；但是加了解释，它就不成其为绘画的艺术了。诗人就不怕这一点，对于他来说，语言本身已把抽象的观念提升为独立的事物，而同一个字永远会引起同一个观念，不管诗人拿多少不相容的偶然的东西和这个观念结合在一起。他可以把死神描绘为多么痛苦，多么可恐怖，多么残酷，我们仍然不会忘记摆在面前的不过是一个死神，而这种令人毛骨悚然的形状对于死神并不是本质的东西，而只是出现在一些具体情况之下的东西。[14]

注释

1.尼柯莱（F.Nicolai，1733—1811），德国批评家和出版家，莱辛经常与之通信的朋友之一，莱辛曾把《拉奥孔》的写作计划交给他和门德尔松讨论过。

2.尼柯莱主编的《一般德国图书杂志》在1769年第九卷第一期里发表了德国哲学家C.加尔夫（C. Garve）对《拉奥孔》的书评，莱辛的这封信就是针对这篇书评而写的。

3.即自然的符号与人为的符号的差别。

4.因为戏剧的语言是演员用口说的，反映实际生活的，所以是自然的。

5.见《诗学》第二十四章。

6.亚里士多德把戏剧看成最高的诗，是从结构和内在的谨严的逻辑着眼，莱辛把戏剧看成最高的诗，是从直接反映生活，人为的符号变成自然的符号着眼。

7.指莱辛的好友摩西斯·门德尔松。

8.《拉奥孔》第一卷在1766年出版，从1767年起，莱辛便开始写《汉堡剧评》，专心致志地从事于戏剧方面的实践和理论的工作，《拉奥孔》写作的中断或与此有关。这封信提出戏剧体诗是最高的诗的观点，可以约略见出《拉奥孔》与《汉堡剧评》的联系。

9.参看78页注1中作者原注。在这个注里，莱辛否认古代艺术家曾用骷髅代表死神，《拉奥孔》发表后，这个论点遭到哈勒大学教授克洛茨的攻击，莱辛写此文反驳，原文题为"Wie die Alten den Tod gebildet"。这里 Tod 是"死亡"的人格化，姑译为"死神"，希腊神话中的死神则另有名称。

10.这些描绘莱辛在原注中都指明出处，原诗对于我们是生疏的，故未译。

11.指上文从诗中援引的古人不用骷髅表现死神的证据。

12.即和睡神类似的那种平静的形象。

13.大意是：如果诗没有描绘骷髅，便因此断定画也不应画骷髅，那么，如果诗描绘了骷髅，是否也就因此断定画也画骷髅呢？

14.在这段里莱辛讨论了文艺如何运用抽象概念的问题，他还只看到抽象概念的人格化一种办法。不过他认为绘画应抓住抽象概念中最一般最本质的东西：即同类事物的共同要素），不能表现个别的偶然的东西，而诗则可以描绘个别的、特殊的、偶然的东西（即可以显出个性），而并不妨碍读者对一般的、本质的东西的认识。这个观点涉及典型问题，莱辛在《拉奥孔》第八章里也约略涉及。

附录三

维吉尔在《埃涅阿斯纪》史诗中
关于拉奥孔的描写[1]

不幸我们又遭到另一件更严重、

更恐怖的事变，使昏乱的心神惊惧；

抽签指定任海神司祭的拉奥孔

正在祭坛上宰一头庞大的公牛献祭；

看啊！从忒涅多斯岛，[2]从平静的海上，

（我提起都要发抖，）有两条大蟒蛇

冲着波涛，头并头向岸边游来；

它们在浪里昂首挺胸，血红冠高耸，

露出海面，粗壮的身躯在海里

荡起水纹，蜿蜒盘旋．一圈又一圈，

听得见它们激起浪花的声音；

它们爬上岸，两眼闪闪，血红似火，

闪动的舌头舔着馋吻，嘶嘶作响；

我们一见到就失色奔逃，但它们

一直就奔向拉奥孔；首先把他两个孩子的

弱小身体缠住，一条蛇缠住一个，

而且一口一口地撕吃他们的四肢；

当拉奥孔自己拿着兵器跑来营救，

它们又缠住他，拦腰缠了两道，

又用鳞背把他的颈项捆了两道，

它们的头和颈在空中昂然高举。

拉奥孔想用双手拉开它们的束缚，

但他的头巾已浸透毒液和瘀血，

这时他向着天发出可怕的哀号，

正像一头公牛受了伤，要逃开祭坛，

挣脱颈上的利斧，放声狂叫。

接着这两条大蟒就爬向神庙高耸，

去寻凶残的特尼通尼亚女神[3]的高堡，

藏在她脚下，让她的圆盾遮盖着。

这时人人战栗，感到空前的恐惧。

我们都认为拉奥孔罪有应得，

因为他曾把罪恶的矛抛向木马，[4]

用矛头刺伤了那神圣身躯的腰，

大家都喊着，要把木马移到神庙，

以便祈求女神的宽饶。

注释

1. 选自《埃涅阿斯纪》卷二，第 298 行以下。这段故事是由特洛伊战将埃涅阿斯在国亡后逃到意大利，经过迦太基时向迦太基女王谈的。引用杨宪益的译文（载《世界文学》1960 年第十二期），按德译和英译略有修改。

2. 忒涅多斯（Tenedos），爱琴海中的一个岛屿，靠近特洛伊海岸，希腊军的驻屯地点。

3. 特尼通尼亚女神（Tnitonia），据希腊神话，是海神的女儿，本是湖名。这里指的是雅典娜女战神（也是智慧女神），传说雅典娜生在特尼通湖。

4. 木马是祭品，所以是神圣的。希腊大军火攻特洛伊城不下，最后用了木马计，把精兵埋伏在一匹大木马腹内，遣一人诈降特洛伊，伴言希腊军已潜逃回国，木马是供奉雅典娜的祭品，可以使敬重它的国家强盛。特洛伊人信以为真，要把木马移进城去供奉雅典娜，拉奥孔竭力反对，并且用矛去刺木马，因此得罪了偏袒希腊人的海神，海神遂让毒蛇去袭击他父子。

译后记

戈特霍尔德·埃夫莱姆·莱辛（Gotthold Ephraim Lessing，1729—1781）处在启蒙运动的高潮，他自己对这个高潮起过积极的推动作用。《拉奥孔》这部美学著作不但是德国古典美学发展中的一座纪念坊，也是启蒙运动的反封建反教会斗争中的一个强有力的武器。这部著作在表面上像只是讨论诗和画的界限，实际上涉及当时德国文化界一些争论激烈的根本性的问题，它的联系很广泛，而它的内容也很丰富深刻。为着便于一般读者的了解，在这里试作以下几点粗略说明。

一 《拉奥孔》的历史背景和基本意图

17、18世纪欧洲启蒙运动是由资产阶级领导的，它的总的任务是反封建，反基督教会，普及文化，解放思想，争取资产阶级的民主权利和领导地位。由于当时欧洲各国政治经济发展的不平衡，条件不一致，启蒙运动在各国所要解决的问题以及所提出的解决方案也就不完全相同。在 18 世纪，启蒙运动的中心是法国。法国资产阶级势力正在上升，工商业已有了一些基础，但是封建贵族和天主教会僧侣还处在统治地位，所以阶级矛盾显得特别尖锐。在这种情况下，法国启蒙运动中百科全书派提出了平等、自由、博爱和理性之类口号，为 18 世纪末法国资产阶级大革命作了思想准备。在文艺领域里，他们也开始抨击路易十四时期的新古典主义。德国在同时期却比法国远较落后，在经济上还保存农奴制，工商业不发达，在政治上还分散为三百多个封建制的小朝廷，不断的内战阻碍各方面事业的发展，所以德国资产阶级的力量还极其薄弱，还没有立即进行政治革命的条件。因此，德国启蒙运动领袖们从莱辛和赫尔德以至歌德和席勒等人看出德国当前的反封建、反教会的任务首先要从政治的统一来解决，而按照他们的历史唯心主义的想法，政治的统一可以不假道于政治革命，只要通过建立统一的德意志民族文化就可以实现。这是要了解莱辛和他的继承者，首先就要了解的一点。

　　总的说来，德国启蒙运动领袖们在一般文化中所最关心的首先是文艺，到后来才逐渐转到哲学，而在文艺中最关心的是文学，只是附带地才涉及其他艺术。莱辛、赫尔德、歌德和席勒等人的主要活动都在文学方面，而他们的共同理想也都在建立统一的德意志民族文学。这里就提出了传统继承的问题。这种新型文学应该向谁学习？怎样去学习？本来德意志民族文学从中世纪起，就有着丰富光辉的传统，但是由于这个传统起自民间，在封建统治时期，受到统治阶级的鄙视。当时在欧洲文学中占领导地位的是法国文学。所以德国启蒙运动中第一个理论家兼戏剧家戈特舍德（Gottsched，1700—1766）就想把法国新古典主义文学移植过来，用布瓦洛的《论诗艺》来指导德国民族文学发展的方向，这种移植的企图既不符合德意志民族传统，也不能适应德国资产阶级的需要。他们所需要的不是投合宫廷趣味和点缀封建排场的文学（像法国新古典主义文学那样），而是反映市民阶层生活和理想的文学。事实上戈特舍德虽然参加了启蒙运动，他的政治立场还更多地站在封建方面。

因此，在戈特舍德与较进步的文学流派之间便掀起了一场激烈的论战，即戈特舍德与苏黎世派（以瑞士的波特玛和布莱丁格为首）的论战。苏黎世派反对戈特舍德所崇奉的法国新古典主义，号召诗人们学习中世纪德国民间文学、荷马史诗和英国文学，特别是莎士比亚戏剧、弥尔顿史诗以及汤姆逊和扬恩等感伤派诗人描绘自然的抒情诗。这个新派的理想较符合当时德国资产阶级的需要，所以在这场论战中赢得了最后的胜利。

与这场大论战密切相联系的是希腊古典文艺日益代替拉丁古典文艺而成为新兴资产阶级的崇拜对象。这一则是反对法国新古典主义的后果，因为法国新古典主义虽口头上也提倡自然，但主要是继承拉丁传统，侧重抽象、浮华和矫揉造作；一则由于希腊古典文艺较富于民间文艺的气息，较生动自然，而且有更多的民族英雄形象，可供新兴资产阶级奉为典范。在德国研究古典文艺风气的开创首先应当归功于莱辛的直接先驱温克尔曼（Winckelmann，1717—1768）。他的主要著作《古代造型艺术史》（1764）在欧洲引起广泛的兴趣。在较早的《论古代雕刻绘画作品的模仿》（1755）一文里，他提出了希腊古典理想是"高贵的单纯和静穆的伟大"，并且举拉奥孔雕像群为例，企图说明希腊艺术家纵然在表现激烈的痛苦之中，也不显出激烈的感情，而要显出激烈的感情受到了伟大心灵的节制。在《古代造型艺术史》里，他仍旧认为希腊艺术在极盛时代所达到的崇高风格以单纯静穆为其特征，重美而不重表情。

莱辛是在戈特舍德和苏黎世派的大论战以及温克尔曼宣扬希腊造型艺术理想的文化气氛中成长起来的。在当时德国启蒙运动领袖们之中，他的反封建、反基督教和向往新兴资产阶级的基本立场是最鲜明的，他的斗争性也是最强烈的。他基本上同情上述苏黎世派和温克尔曼所代表的两个新倾向，瞭望到正在形成的德意志文学所应走的不是法国宫廷文学的方向，而是结合当前启蒙运动的反封建的任务，批判继承德国民间文学、英国新兴市民文学和希腊古典文艺来建立自己的民族文学的方向。

但是莱辛和苏黎世派以及温克尔曼在这个总的方向上虽基本一致，在《拉奥孔》所讨论的诗和画的界限以及美和表情的关系两个主要问题上，却存在着深刻的分歧。诗和画的关系在西方是一个老问题。希腊诗人西摩尼德斯所说的"画是一种无声的诗，诗是一种有声的画"，已替诗画一致说奠定了基础。接着拉丁诗人贺拉斯在《诗艺》里所提出的"画如此，诗亦然"，在后来长时期里成为文艺理论家们一句习用的口头禅。在 17、18 世纪新古典主义的影响之下，诗画一致说几乎变成一种天经地义。不但莱辛在《拉奥孔》里所着重批判的英国斯彭斯和法国克路斯伯爵都站在新古典主义的立场上宣扬诗画一致说，就连苏黎世派和温克尔曼也还是这一说的信徒。新古典主义者之所以宣扬诗画一致说，因为就诗而言，他们要把画的明晰的表达方式，绚烂的色彩，形象的静态和较大的概括性和抽象性用到诗里来；就画而论，他们要为当时宫廷贵族所爱好的寓意画（用人物来象征某一抽象概念如"自由""贞洁""虔诚"之类）和历史画（写历史上伟大人物和伟大事迹来奉承当时统治阶级）作辩护，而寓意画和历史画像诗一样，要叙述动作，要通过观念（不单凭视觉）而起作用。至于苏黎世派之所以赞成诗画一致说，主要是因为他们要为当时在德国盛行的受英国汤姆逊和扬恩一派影响的描绘自然的诗歌作辩护。这种描绘体诗与当时宫廷文学相对立，比较着重地描绘农村田园生活，比较能反映产业革命初期的资产阶级知识分子的情调。

莱辛反对寓意画和历史画，这是比较容易理解的，因为这类画是与封建宫廷的人生理想和文艺趣味分不开的。至于他也反对描绘体诗，却有一个远较深刻的原因。这不但要涉及他对于德意志民族文学方向的看法，也要涉及他的人生理想或是对资产阶级的理想英雄人物的看法。莱辛首先关心的是文学作为反封建、反教会的一种武器，而文学的主要形式他认为是戏剧。他毕生大部分精力都花在建立市民剧方面，在实践方面通过《萨拉·萨姆逊小姐》和《爱米丽亚·迦洛蒂》一系列的剧本，在理论方面通过一百多篇《汉堡剧评》。在把戏剧看作文学的最高形式这一点上，他无疑地受到亚里士多德的《诗学》的影响，但是更重要的原因还在于他认为可以接触更广泛的群众，通过对人物动作的可以耳闻目睹的表达方式，可以更真实地反映现实生活，可以产生较生动的效果，因而较有利于反封建反教会的斗争。为了更好地完成这个斗争任务，传统的戏剧形式必须改革，悲剧和喜剧的框子必须打破，特别是曾通过戈特舍德而在德国一度成为时髦的法国新古典主义戏剧的影响必须肃清，取而代之的应该是英国式的"市民剧"。这种戏剧的对象是市民，它必须反映市民的生活和理想，也必须以教育市民为其主要目的。在建立这种新型的市民剧方面，莱辛所做的工作和狄德罗在法国所做的工作是遥相呼应的。

当时苏黎世派所提倡的描绘自然的诗歌也还是反映市民情绪的，为什么遭到莱辛的反对呢？问题的关键就在这里。有人认为莱辛对于当时新起的而后来在浪漫运动中将成为一枝灿烂花朵的抒情诗缺乏敏感，所以他片面强调戏剧而忽视了抒情诗。问题可能也有这一方面。但是更深刻的原因，却在于当时英德两国描绘自然的诗歌大半是带着阴郁气氛和感伤情调的，是偏重描绘事物静态的，而莱辛所要求的却是爽朗生动的气氛和发扬蹈厉的情感，而这些只有通过人的动作，通过客观世界的运动和发展，才能表现出来。这里的区别骨子里就是静观的人生观和实践行动的人生观之间的区别。莱辛的理想无疑地较符合新兴资产阶级的发展个性和改变现状的要求。我们应该从这里去认识莱辛的美学观点的现实主义性质和进步性质。

懂得了莱辛的侧重实践行动的人生观和运动发展的世界观，我们也就比较容易懂得他和温克尔曼在文艺理想上的分歧。温克尔曼是一个新柏拉图派的信徒，而且受到斯多噶派禁欲主义的影响，所以把"静穆"的美奉为古典艺术的最高理想。美就在于"静穆"，所谓"静穆"就是凭伟大的心灵控制住激烈的感情，所以温克尔曼认为艺术的任务在于创造美而不在于表情。莱辛的主要兴趣不在于造型艺术而在于诗或文学。他对温克尔曼的"静穆"理想应用于造型艺术作了一些让步，承认"美是物体的绘画价值"，是"造型艺术的最高法律"，"美的根源在静穆"。但是他坚决反对把"静穆"理想应用到诗里去。他说得很明确。"美特别不是诗的题材，而是一切造型艺术所特有的题材"，诗人所要求的"不是静穆而是静穆的反面。因为他所描绘的是动作而不是物体，而动作则包含的动机愈多，愈错综复杂，愈互相冲突，也就愈完善"（见遗稿附录）。因此，"把绘画的理想移植到诗里是错误的"。诗与画的基本分别，在莱辛看来，在于描绘物体静态而诗则叙述人物动态，因此画要静穆的美，而诗则要真实的表情。他从荷马史诗和希腊悲剧举了很多有说服力的例证。在《菲洛克忒忒斯》悲剧里，索福克勒斯让他的主角毫无保留地表现出他的痛苦，而荷马史诗中的英雄们尽管是些超人，在痛苦中也痛哭流涕，"在行动上他们是超凡的人，在情感上他们却是真正的人"。认为人须凭伟大的心灵去压抑情感的说法是斯多噶派禁欲主义的说法，莱辛在很多地方表示出对斯多噶派的深恶痛绝。例如罗马哲学家西塞罗在斯多噶派的影响之下，责备索福克勒斯"把最勇敢的人描写成痛哭流涕的"，说这会使我们变得软弱。莱辛回答说，诗人不得不让最勇敢的人痛哭流涕，因为剧场不是格斗场。在格斗场中罗马人"习惯于故作镇静地死去的场面"，这就使得罗马悲剧在精神上堕落到浮夸。"浮夸不能激发起真正的英雄气概，正如菲洛克忒忒斯的哀怨不能使人变得软弱"。接着莱辛提出他的悲剧主角的理想：

　　他的哀怨是人的哀怨，他的行为却是英雄的行为。二者结合在

一起，才形成一个有人气的英雄。有人气的英雄既不软弱，也不倔
强，但是在服从自然的要求时显得软弱，在服从原则和职责的要求
时就显得倔强。这种人是智慧所能造就的最高产品，也是艺术所能
模仿的最高对象（第四章）。

这是莱辛所理解的希腊悲剧主角的理想，也是他要通过戏剧来培养的德国新
型的资产阶级的英雄人物的理想。这种理想的英雄人物既是人又是英雄。作
为人，他应具有一般的人性，他应该有强烈的情感，而且不怕表现强烈的情
感；作为英雄，他应该有超出一般人的优良品质，应该是"岩石般的人"。
有忠于职责，坚持原则，坚贞的大无畏的精神。很显然，这种理想的基础还
是超阶级的普遍人性论。在莱辛看，不管时代背景和政治制度有多么大的差
别，希腊奴隶主的英雄理想还可以作为德国资产阶级的英雄理想。但是抽象
的普遍的人性是不存在的，莱辛要这种英雄为近代资产阶级反封建的斗争服
务，实际上已赋予这种英雄以资产阶级的阶级性，他的理想毋宁说是个人英
雄主义，甚至含有超人主义成分，这和希腊悲剧主角的理想完全是两回事。

　　不过这种理想显然是和温克尔曼所宣扬的节制和静穆的理想背道而驰
的。温克尔曼更多地朝后看，倾向静止的世界观，这种世界观很容易满足现
状，和现实妥协；莱辛更多地朝前看，倾向变动发展的世界观，这种世界观
必然要求变革现实。拿叙述动作的诗来和描绘静态的画相对立，拿表情的真
实来和静穆的美相对立，骨子里都是用实践行动去变革现实的人生观和跟现
实妥协的静观的人生观相对立。就是因为这个道理，莱辛对当时描绘自然静
态带着哀婉情调的抒情诗丝毫不表同情。歌德谈到《拉奥孔》时说过："我
们必须回到青年时代，才能体会到《拉奥孔》对我们的影响。这部著作把我
们从一种幽暗的静观境界中拖出来，拖到爽朗自由的思想境界。"[1] 足见歌
德对《拉奥孔》所最重视的一点也正是对静观的人生观的否定。这可以说是

251

莱辛抬高描述动作冲突发展的戏剧的基本意图所在。我们要从这个基本意图上去认识《拉奥孔》与启蒙运动的民主斗争的任务的直接联系。

二 莱辛在《拉奥孔》中的成就和局限

从上文的叙述可见出，《拉奥孔》是启蒙运动时代对前此的人生理想和文艺思想进行批判和斗争的产品，对反封建、反教会的斗争以及新兴资产阶级的文化改革与民主改革都起了推动作用。莱辛所进行的是两条战线的斗争，一条是反对与封建制度仍有密切联系的法国新古典主义以及它的德国信徒戈特舍德的斗争，另一条是反对资产阶级内部的温克尔曼和苏黎世派所代表的静观的人生观和文艺理想的斗争。

在反对法国新古典主义的这条战线上，《拉奥孔》的主要批判对象是法国新古典主义戏剧和它的典范——拉丁悲剧，为封建制度服务的寓意画和历史画以及斯彭斯和克路斯伯爵等人为新古典主义辩护的诗画一致说。莱辛有力地揭露了新古典主义文艺的抽象性、冷淡的效果和矫揉造作的浮华风格，提出了真实表情的重要性，并且明确地指出文学的天地比造型艺术的天地远较广阔，而文学的主要形式是描述人物动作情节由冲突而发展的戏剧。这样他就为《汉堡剧评》（1767—1769）奠定了基础。在《汉堡剧评》里，他进一步给法国新古典主义戏剧和文艺信条以致命的打击，展开了创立市民剧的运动。在强调表情和承认个性特征在文学上的地位这一点上，他对后来的"狂飙突进"和浪漫运动也起了促进的作用。他扭转了戈特舍德派崇拜法国新古典主义的风气，替德意志民族文学指出了新的发展方向。德国民族文学方向的确定当然也不只是莱辛一人的功劳，继他而起的赫尔德、歌德和席勒等人都陆续作出了卓越的贡献，不过莱辛在这方面毕竟是开风气的人。

另一条战线起于反对新古典主义阵营的内部矛盾。在这条战线上莱辛的批判对象主要是温克尔曼的静穆理想和苏黎世派所宣扬的描绘体诗。静穆理想和描绘体诗都表现资产阶级一登上历史舞台时就已开始暴露出来的弱点和矛盾心理。他们厌恶城市生活的浮华和腐朽，眷恋乡村生活的纯朴，而在工商业逐渐上升时，乡村纯朴生活就遭到破坏，他们于是怀着哀婉的心情对待事态的改变。他们不满意现存秩序，而社会阶级矛盾日益尖锐化，初醒觉的个性到处与社会现实发生冲突，他们既没有足够的力量和勇气去正视矛盾，也没有足够见识去看出正确的出路，于是脱离社会现实，缩回到小我的圈子里，或是陶醉于理想化的古希腊社会，或是陶醉于对大自然的静观和幻想。这就是描绘体诗与静穆理想的社会根源。它们都是静观的人生观的体现。莱辛看出这种人生观不利于发动人民积极参加改变社会现实的斗争，才对它进行尖锐地批判，代之以重视变动发展和实践行动的人生观。如上文所已经指出的，这是一个重大的转变。

作为一部美学著作，《拉奥孔》是一个就具体问题进行具体分析的范例，没有一般德国美学著作在概念里兜圈子的习气。他的主题是划定诗（代表一般文学）和画（代表一般造型艺术）的界限，找出一切艺术的共同规律及各门艺术的特殊规律。他接受了亚里士多德的一切艺术都是模仿的看法，他所特别着重的是诗和画的特殊规律，亦即它们的差异，来击破诗画一致说。依他看，诗与画的差异主要有这几点：第一，就题材来说，画描绘在空间中并列的物体，诗则叙述在时间上先后承续的动作；画的题材局限于"可以眼见的事物"，诗的题材却没有这种局限；画只宜用美的事物，即可以"引起快感的那一类可以眼见的事物"，诗则可以写丑，写喜剧性的、悲剧性的、可嫌厌的和崇高的事物；画只宜写没有个性的抽象的一般性的典型，诗能做到典型和个性的结合。第二，就媒介说，画用线条颜色之类"自然的符号"，它们是在空间并列的，适宜于描绘在空间中并列的物体；诗用语言这样"人为的符号"，它们是在时间上先后承续的，适宜于叙述在时间中先后承续的动作情节。第三，就接受艺术的感官和心理功能来说，画所写的物体是通过视觉来接受的，物体是平铺并列的，所以一眼就可以看出整体，借助于想象的较少；诗用语言叙述动作情节，主要诉诸听觉，但因为语言本身是观念性的，而动作情节是先后承续，不是凭感官在一霎时就可以掌握住整体的，这个整体是要由记忆和想象来构造的。第四，就艺术理想来说，画的最高法律是美，由于再现物体静态，所以不重表情；诗则以动作情节的冲突发展为对象，正反题材兼收，所以不以追求美为主要任务而重在表情和显出个性。总的说来，《拉奥孔》虽是诗画并列，而其中一切论点都在说明诗的优越性。它的总的结论是诗与画在题材、媒介、心理功能和艺术理想各方面都有所不同，不能拿画的规律应用到诗，所以新古典主义者所强调的诗画一致说是片面的，甚至是错误的。不过莱辛固然突出地指出画和诗的分别，却也没有抹杀画和诗的联系。他接受了亚里士多德的一切艺术（包括诗和画）都是模仿的定义，同时也承认在一定条件下和在一定程度上，画也可以通过物体去暗示动作情节，诗也可以通过动作情节去描绘物体。画从动作情节的发展过程中，选择足以见出前因后果、最富于暗示性、给想象以最大活动余地的那一顷刻，即动作情节发展顶点前的一顷刻。例如拉奥孔雕像群所选的一顷刻恰恰在极端痛苦和死亡之前。诗通过动作去暗示物体，可以有三种方式：一是化静为动，例如荷马借叙述火神制造阿喀琉斯盾的过程去描绘这面盾的形状；二是从美所产生的效果去暗示美，例如荷马不直接写海伦的美而只写她出现在特洛伊元老们面前时所引起的惊赞；三是化美为媚，即化静态美为动态美，例如阿里奥斯托写美人时历数身体各部分的静态美的长篇大幅，在效果上反不如写她秋波流盼的一句话。《拉奥孔》是一部未完成的著作，在已发表的第一卷里侧重点是诗与画的分别，但从莱辛的笔记遗稿看，他屡次回到画可用人为的符号而诗也可以把人为的符号提升为自然的符号问题，足见他在续编中可能更多地侧重诗与画的联系。在这方面可以见出莱辛思想中的辩证因素。此外，值得特别提出的是莱辛在《拉奥孔》中相当全面地讨论了各种审美范畴，不但涉及美和丑，而且还涉及悲剧性、喜剧性、可恐怖性、可嫌厌性以及崇高之类范畴（二十三章至二十五章在这方面特别重要）。在他以前的美学家们大半把眼光局限在美与崇高这两个范畴上。他在讨论这些审美范畴时，一方面根据作品实例，一方面也结合到观众的心理效果，进行具体分析，试图找出规律来。尽管他的见解还是初步的、零星的，在今天读起来，大半还是很富于启发性的。

以上所谈的是关于全书主题的一些基本论点。此外散见于各章的一些偶然涉及的论点也有些很能说明莱辛对于文艺的看法。例如第二章提到文艺所产生的美感应主要来自题材内容，以及立法机关应从教育观点出发，对文艺应作出规定和进行监督；第三章和第五章都谈到文艺应从事物的本质方面反映现实；第七章和第二十二章都谈到创造性模仿和抄袭性模仿，强调继承必须经过创造和革新；第四章和第八章都谈到典型性格与个性特征的关系以及人物性格与环境的联系，这些思想后来在《汉堡剧评》里有了进一步发展（如第三十二篇）；第九章反对用艺术为宗教服务，并且批判艺术史家过分夸大过去宗教对于文艺的影响；第十章反对抽象化；第十七章谈到自然符号与人为符号的区别和联系，从遗稿看，这是莱辛准备在续编里讨论的主要问题，近代“语义学”派的美学思想有一部分导源于此。像这类富于启发性的零星的看法读者可以随时碰到，在这里就不必列举了。

但是《拉奥孔》对美学的主要贡献还不在它的一些个别论点，而在它对德国古典美学发展的推动力。《拉奥孔》一出版，立即引起德国学术界的普遍的重视和热烈的讨论。最重要的批评来自“狂飙突进”的领袖赫尔德（Herder，1744—1803），[2] 他首先指出莱辛缺乏历史观点，没有把文艺结合到各民族在各时代的不同的社会情况，并且认为时间与空间的差别并不是诗与画的本质的差别，而本质的差别在于画凭形象而诉诸感官和记忆，诗则凭魄力（Energie）而诉诸情感和想象。歌德赞扬了《拉奥孔》的解放思想的作用，但在他自己的《论〈拉奥孔〉》一文里，却认为"古人的最高原则是意蕴，而成功的艺术处理的最高成就是美"，纠正了莱辛把表情和美对立起来的观点。席勒在《论激情》一文里也一再讨论到《拉奥孔》，基本上接受了莱辛的观点，承认希腊英雄们"强烈而深刻地感受到他们的痛苦而又不至为痛苦所压倒"，希腊艺术"只着眼到人"，只描绘人性中必然的东西。黑格尔在《美学》第三卷里，举拉奥孔雕像群为例，说明雕刻在雕像群里也可以描绘动作、冲突和痛苦，指出拉奥孔雕像群达到了高度的表情的真实与高度的美的统一。浪漫运动的代言人 A. W. 施莱格尔（A. W. Schlegel，1767—1845）则提出和莱辛完全相反的观点，莱辛要区分各门艺术的界限，施莱格尔则强调各门艺术可以互相影响，互相转化。[3] 从这些例子可以见出，德国古典美学的蓬勃发展与对《拉奥孔》的讨论有密切的联系。继温克尔曼之后，莱辛是德国古典美学的一个重要的奠基人。

德国古典美学具有一个致命的弱点，即在浪漫运动中弥漫一时的那种主观主义，连以客观唯心主义著名的黑格尔也在所不免。也许在歌德以外，莱辛是当时唯一的美学家，没有沾染到这种主观主义。他从来不过分夸张天才、情感和创造想象的重要性，明确地承认文艺反映客观世界，有它自己的客观规律，文艺的形式决定于内容和所使用的媒介。所以可以说，莱辛的美学思想基本上是唯物主义的和现实主义的。在他讨论诗与画的区别和联系之中，特别是在他反对运用静穆理想于文学，强调文学须写人物动作情节的变动发展和"冲突的动机"之中，他的美学思想也含有一些辩证因素。

但是莱辛的美学思想中的唯物主义因素和辩证因素都不是很彻底的。恩格斯在《费尔巴哈论》里关于过去一些唯物主义者所说的话也适用于莱辛：他在自然观点上虽然基本上是唯物主义的，而在社会历史的观点上却仍是唯心主义的。他认识不到决定历史发展的是社会物质基础，认为单凭促进精神文化，就可以改进社会。这是莱辛和一般德国启蒙运动领袖们的共同信念，所以他们都把反封建反教会的斗争局限在文化思想战线上。

莱辛的基本弱点，像赫尔德早就指出的，在于缺乏历史发展的认识。尽管他也把文艺结合到当时反封建反教会的斗争，把建立德意志民族文学的事业当作德国政治统一的准备。他在《拉奥孔》的讨论中，仿佛把文艺看成一种独立的而且孤立的自然现象，与社会基础并无直接的关联。例如他替诗和画找客观规律，都单从题材（物体及其运动）和媒介（形色和声音）着眼，从来不考虑到社会因素对诗和画的性质会起什么作用。他动不动就抬出荷马史诗，都只在表达技巧上进行细致的分析，从来不把荷马史诗联系到希腊社会。荷马以外，他特别推尊英国诗人弥尔顿，却从来不提到《失乐园》和英国资产阶级革命的关系，只津津乐道弥尔顿的失明对《失乐园》的视觉意象所起的作用，并且从此论证荷马并不曾失明，因为他的诗中视觉意象极鲜明，丝毫不想到《失乐园》不同于《伊利亚特》乃是由于反映两个不同历史时期的不同类型的社会。

由于历史发展观点的缺乏，莱辛对于文艺种类和界限的看法也是抽象的、形而上学的。文艺种类也是社会历史发展的产物。历史在变，文艺种类也就随着变。不但各门艺术彼此之间有区别，即同一门艺术在不同历史时期和不同社会里前后也有区别。例如荷马史诗不同于弥尔顿的史诗，希腊悲剧既不同于拉丁悲剧，也不同于莎士比亚悲剧或法国新古典主义悲剧。莱辛所要建立的市民剧更不同于过去的一切剧种。怎么能把从荷马史诗和希腊悲剧所抽绎出来的规律定为万世不移的标准，像莱辛所做的那样？在这一点上他并未完全摆脱新古典主义的桎梏。此外，诗的种类随历史发展而逐渐增加。即就希腊而论，荷马史诗也只是诗的一种，希腊也还有抒情诗，其中就往往有莱辛所反对的描绘，例如品达的颂歌。莱辛反对近代描绘体诗，因为它描绘事物静态，带有感伤情调，这固然有他的正确的一面，但是不能因此就断定一切描绘体诗都必然要走浪漫运动初期的老路，或是断定诗绝对不宜于描绘。后来西方抒情诗的发展史实就说明了莱辛论断的欠缺。

与此密切相联系的是莱辛对于批判继承的态度。尽管他对拉丁古典文艺和近代新古典主义文艺曾经进行过毫不留情地批判，他对于希腊古典文艺却从来没有说过半句批评的话。他不但认为亚里士多德的《诗学》像欧几里得几何学一样颠扑不破，而且把希腊一个时期的文艺典范和理想悬为万世不移的金科玉律。在这方面他就只讲继承，很少批判。这种"召唤死人"的勾当固然也有"赞扬新的斗争"，掩盖"自己斗争的资产阶级狭隘内容，以便把自己的热情保持在伟大历史悲剧高度"这一面，像马克思关于法国资产阶级革命所说的，但是这种勾当毕竟是一种违反客观发展规律的幻想，古希腊史诗悲剧的英雄毕竟不能成为德意志的民主战士。此外，上文已提到过，莱辛崇拜希腊，还有坚信普遍人性论的一面。在这方面他的思想也还是和新古典主义一致的，认为希腊古典可以作为万世准绳，就是因为它掌握了万世不移的普遍人性。这种超时代超阶级的观点当然是错误的。

上文已经说过，莱辛所最关心的而且理解也较透彻的是诗而不是造型艺术。在诗方面，他否定了温克尔曼的静穆理想，强调动作和表情而否定诗的目的在于创造形式美，基本上还是进步的；但是在造型艺术方面，他的观点却是保守的。他仍接受了温克尔曼的静穆理想，仍认为绘画只限于视觉的感性活动，只追求物体的形式美，因此他否定了丑的、可笑的、可恐怖的乃至崇高的东西在绘画中的地位，甚至主张绘画不能描绘个性特征，只能描绘出"人格化的抽象品"。他笼统地用绘画代表造型艺术，而忽视了同是造型艺术，绘画和雕刻却有些本质上的区别。他在《拉奥孔》里用作副标题的是"画与诗的界限"，而实际上他所讨论的却是诗和雕刻的界限。在偶尔谈到绘画时，他是把古典雕刻的理想应用到绘画上去的。因此，他就得出一个奇怪的结论。古典雕刻既然只表现高度理想化和高度概括化的东西，绘画也就只应表现抽象的典型而不能表现个性特征。此外他过分贬低描绘自然风景的绘画，这种看法也经不住历史事实的考验。不但我国唐宋以来的山水画已成世界画艺中的珍贵遗产，就连西方18、19世纪所发展出来的自然风景画也具有一定的艺术价值。令人感到奇怪的是莱辛仿佛没有注意到17世纪的荷兰画，因为凡·雷斯达尔（Van Ruisdael）和伦勃朗（Rembrandt）诸大师的作品既描绘了自然风景以及丑陋的喜剧性的事物，也描绘了个性特征，但并不因此就丝毫损害他们的高度艺术性。

读《拉奥孔》，不应忽视莱辛的这些局限，同时也应记起当时德国资产阶级的软弱性以及当时德国启蒙运动反对旧秩序和旧文化的不彻底性，莱辛在思想上暴露出一些严重的缺点，也是符合历史发展规律的。如果把莱辛的成就和局限摆在一个天平上去衡量，比重较大的毕竟还是他的成就。他把德国启蒙运动推向了高潮，扭转了戈特舍德所形成的崇拜法国新古典主义的风气，指出德意志民族文学发展的新方向，建立了市民剧，批判了静观的人生理想，宣扬了实践行动的人生理想，替当时反封建反教会的斗争建立了思想基础。这些都是他的不可磨灭的功绩。如果说，法国启蒙运动领袖之中最进步的是狄德罗，那么，德国启蒙运动领袖之中最进步的就要算莱辛。正是因为这个缘故，莱辛对于后来的进步的思想家们一直具有很大的吸引力。他对俄国革命民主主义者的影响特别显著，别林斯基、杜勃罗留波夫和车尔尼雪夫斯基等人不但都对莱辛的文艺活动和美学著作予以很高的评价，而且他们都以莱辛为自己的榜样，在思想战线上进行反封建农奴制的斗争。马克思在青年时代就已"养成就所读的书作提要"，并且"随时写下感想的习惯"，在他所举的经过这样下功夫的几部著作之中，首先就是《拉奥孔》[4]。后来，他在《关于出版自由的辩论》一文中[5]回顾"莱辛以前德国政治发展迟缓和文学的萧条情况"，认为主要原因之一在于像戈特舍德之流"有资格的作家们"成为"站在人民和精神之间、生活和科学之间以及人和自由之间的障碍物"，认为扭转这种歪风的是莱辛，创造德国文学的也是莱辛这批"没有资格的作家"。可见马克思对莱辛的评价也是很高的。

三 关于《拉奥孔》和《遗稿》以及译和注

《拉奥孔》的第一部分是 1766 年发表的，此后莱辛就转到《汉堡剧评》，来不及完成全书的原来计划。但在莱辛遗稿中有大量的关于《拉奥孔》的笔记，其中包括两个《提纲》。按照第一个提纲，此书原拟分三部分；按照第二个提纲，却只分两部分。第一个提纲是莱辛开始写书时供他的好友门德尔松和尼柯莱讨论用的，其中第一部分的篇目与已发表的第一部分不尽相同。第二个提纲是在第一部分写完后拟的。已发表的第一部分终于第二十九章，所以这个提纲从第三十章起，计划写到第四十六章。从这第二个提纲可以见出，莱辛的主要观点在第一部分都已提出，在第二部分他准备进一步讨论美的理想，自然符号和人为符号的区别和联系，单个动作与集体动作在诗和画中的处理，连环画与综合艺术之类问题，还附带地谈到音乐和舞蹈。所举例证侧重弥尔顿的《失乐园》。《提纲》之外的笔记大半都与提纲所要讨论的问题有关，有些是初稿，有些是感想，有些是读书随笔，我们选译了一些重要的段落。

译者所根据的版本是彼德森（G. Petersen）等所编的莱辛全集二十五卷本中的第四卷，和博恩来勒（F. Bornmüller）所编的莱辛选集五卷本的第三卷，都载了遗稿附录。此外瓦尔特·霍约（Walter Hoyer）所编的莱辛选集三卷本（1952. 莱比锡）也很有用，它把《拉奥孔》中希腊、拉丁和其他外国语的引文都译成了德文（过去的本子大半没有译），而且每章加了标题（原来没有标题），但删去了最后两章。

莱辛在原书中加了大量的附注，我们只译出有助于读者了解的部分，其余大半是些考古学和语言学方面的考证，嫌烦琐，而且大半已过时，所以未译。

在翻译过程中也参考了威廉·斯蒂尔（W.A.Steel）、比斯勒（E. C. Beasley）和斐利慕（R. Phillimore）三种英译本和 1957 年苏联国家文学出版社出版的俄译本。

译者就书中的专名和典故作了一些注释。除了一些常用的古典辞书之外，参考了牛津大学出版的哈曼（A. Harmann）所编的《拉奥孔》原文的注释本。标题依霍约的莱辛选集三卷本，只有最后两章是译者自拟的。此外，译者还扼要注明了大多数章节中的主要论点以及各章前后发展的线索（大半见章末最后注）。

1965 年 10 月

注释

1. 歌德的《诗与真》第二部分，第八卷。

2. 见赫尔德的《批评丛林》第一编。

3. 见施莱格尔的《论绘画》。

4. 马克思给父亲的信（1837年11月10日），载马克思、恩格斯《论艺术与文学》德文版，446页。

5. 载同上书，455页。

附记

　　这部译稿原是 20 世纪 60 年代编写《西方美学史》时拟选译的资料副编之中的一种。1965 年便已译完，并已排印清样。嗣因"四人帮"横行肆虐，它被打入冷宫十余年，现在才重见天日。趁此再略加校改，并对《译后记》补充下面一点感想。

　　过去西方的一般理论著作在写作方式上可分两种。一种是总结研究成果，主要是要作出一些结论，得出结论后，便"过河拆桥"，不让人看出得到结论所必经历的摸索和矛盾发展过程。这种结论只是盛在盘里的一些已成熟的果子。另一种则把摸索和解决矛盾的发展过程和盘托出，也作出结论，但结论却是生在树上的有根有叶的鲜果。前一种让读者看到的只是已成形的多少已固定化的思想，后一种则让读者看到正在进行的活生生的思想。这种分别略似莱辛所指出的写静态的画与写动态的诗之间的分别。属于前一种的是大多数理论著作，典型的代表是亚里士多德的《诗学》、布瓦洛的《论诗艺》和斯宾诺莎的《伦理学》，少数属于后一种的有柏拉图的《对话集》、狄德罗的《谈演员》和《拉摩的侄儿》和莱辛的这部《拉奥孔》。《拉奥孔》的正文结合附录的两个提纲和一些笔记遗稿来读，就更能见出这部著作在作者思想中的生长过程，这样就更能启发读者如何学习，如何结合实际经验和书本知识进行独立钻研和思考，如何批判继承前人的遗产，从而建立自己的新观点。

祝愿这本小书在读者思想中起一点发酵作用！

译 者

1977 年底

264

图书在版编目（CIP）数据

拉奥孔／（德）戈特霍尔德·埃夫莱姆·莱辛著；朱光潜译. —— 北京：外语教学与研究出版社，2018.1
（朱光潜译文集）
ISBN 978-7-5135-9817-0

Ⅰ. ①拉… Ⅱ. ①戈… ②朱… Ⅲ. ①文艺理论－德国－近代 Ⅳ. ①I0

中国版本图书馆 CIP 数据核字（2018）第 012885 号

出 版 人　徐建忠
策 划 人　方雨辰
出版统筹　张　颖
特约编辑　曹雪峰　张立康
责任编辑　陈　宇
责任校对　张　畅
装帧设计　彭振威设计事务所
出版发行　外语教学与研究出版社
社　　址　北京市西三环北路 19 号（100089）
网　　址　http://www.fltrp.com
印　　刷　山东临沂新华印刷物流集团
开　　本　880×1230　1/32
印　　张　8.5
版　　次　2018 年 6 月第 1 版 2018 年 6 月第 1 次印刷
书　　号　ISBN 978-7-5135-9817-0
定　　价　65.00 元

购书咨询：（010）88819926　电子邮箱：club@fltrp.com
外研书店：https://waiyants.tmall.com
凡印刷、装订质量问题，请联系我社印制部
联系电话：（010）61207896　电子邮箱：zhijian@fltrp.com
凡侵权、盗版书籍线索，请联系我社法律事务部
举报电话：（010）88817519　电子邮箱：banquan@fltrp.com
法律顾问：立方律师事务所　刘旭东律师
　　　　　中咨律师事务所　殷　斌律师
物料号：298170001